SIX YESTERDAYS AGO
INTROSPECTION
COLORING BOOK

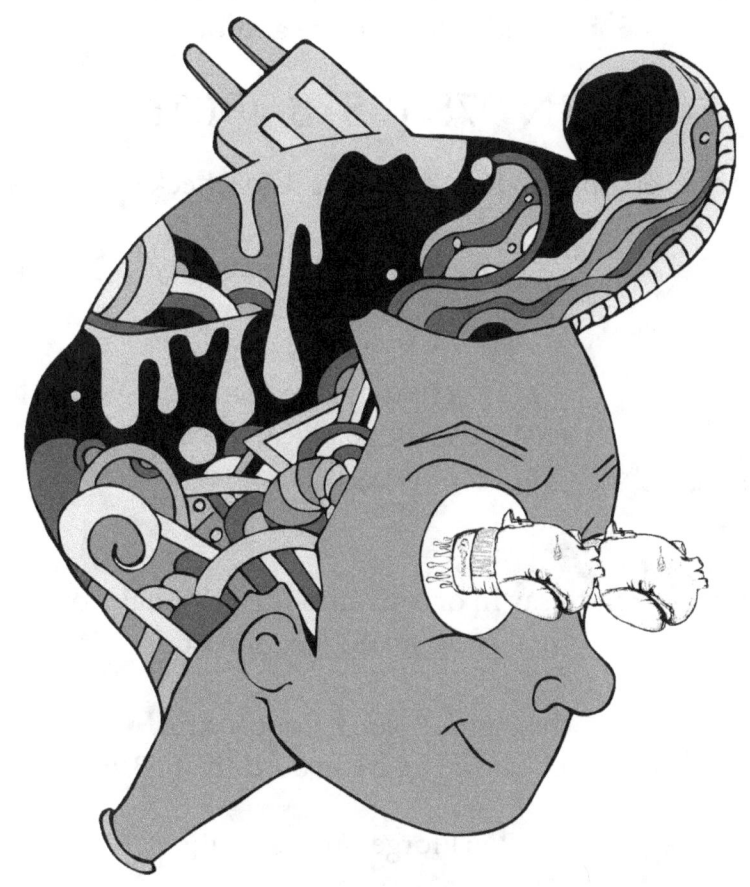

By Courtney N. Donaldson

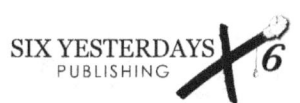
SIX YESTERDAYS PUBLISHING X6

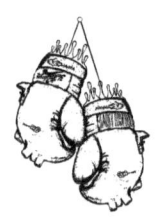

Copyright © 2017 by Courtney N. Donaldson
Published by Six Yesterdays

ISBN 978-0-578-19015-0

To keep up with Six Yesterdays Ago, check out/follow:

Youtube.com/SixYesterdaysAgo
Instagram: @sixyesterdaysago
Fb: Six Yesterdays Ago
sixyesterdaysago.com
sixyesterdaysago.bigcartel.com
or search sixyesterdaysago

If you want to say hi or look into my personal world that makes up my SYA Moments:

Instagram: @o_halobeautiful
Fb: Courtney's Creative Address 33/6

Don't forget to hashtag!

#SYA
#SYAMyStory
#WhatHappenedSYA
#SixYesterdaysAgo
#SixYesterdaysAgoColoringBook
#SYALiveInTheMoment

Dedicated to My Parents
Carla and Keith Donaldson

Also...

I want to thank my family and true friends that support me and my ideas. I know at times my visions, actions, and creations may be or seem crazy or unorthodox, but I do it because I find my peace, inner innovator, love, excitement, and feelings in my art like any artist. From the pits of my soul I thank you for being around physically, mentally, and or contributing to my wellbeing as a person. You have no clue how much I appreciate you in a world so tough but yet full of wonder. Let's "Live In The Moment" shall we...

- Courtney N. Donaldson

Thank you...
even for the little things.

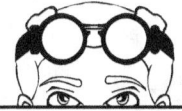

```
P U D Z D V T T Q Y H X N T D H G A Y E P M G I Y P Q K H T S D E E N M J E G S
C H J A G L R A V A D P S O Y X T Y B T H K X Z Q O E I R N L Z E A B G F P O I
H P Q T I G L I N U Q D S H S N X O R A A R M W V I H A U A G H R N K I N M A N
I Z N N P D E F D K T G M I V D E Z D S I B S U S G C C N H K K I A L S A U I A
B O H L A D R L M S W G L K K C L R V A N F K H C E V O E R I W S J E R Q E C Y
A U P V W T B E P A J A V I X C O A V L I E A H Y X D Q A C M N E R R A W U I D
P B Y N H I E M U V W J N H Q S I A N R L D D C Q R J S Y O T T D B D T M W L P
U M X A I C E R G N P D Q D S X F N T O O E O R M V H N E U Z E V A H C U G E C
D E S T I N Y C H Y A N N E A N G I E R D L R G A L O J D R B R I T T A N Y F B
W H F D U K O I S H H J F J G K D V I T E H Z R E Q Y A T T H A D N E B W K P L
U Q C P H Y R E X P J O D G M A A S F B G O T Y E L G R J N O T M A R B E I C N
S A Z O A R E Q W Y R D W K P W K L W B V T S I D T R R X E K S S I L L O H A I
E W Q Y L V S P S P P H M K P E A A E A Q I Q O E Z E A G Y C P T H L B E B I C
C I T W P O R N W A H S A L T J D U L I R N N M N K D D V C Y T O E E R E D U O
Y Y L T G K R T O V T O S A U L N G W H S A P T J V N D W E N E H S V S C R N L
K O F L A P Q I P V N L U B U T O O C K V H L A S H A W N I O C N I I Q H P T E
C J X V I N C E N T E R U M N Y H J J O H Q A I Q C X K E Q R J K N B T F E D N
I M R C U W N Z D G A D G M C C S G N H A N I D S P E O Q I A K H G E D I V F O
R R Q I D V S E Q S B B C A X U A E T T E L U A P W L W V D I Y U A O J X V Z R
U P G Z V M X M R J V O R H E N L P M K V D U V R H A O I N A X N H R A A O E U
X J H O R A P Z T D M T O Y Q D U K G J T P L I K N M R S H O D G E S R Y S F J
H L H N H N Y N S H I L E K N A K K V P P A L H S P G P D N I K B D U F A N Z I
K C R P Z S O J X X S X E B B F L G Z P T I K M C V D H Y S D C D O I M I F A E
N G H K M I L V S J H S D O N O S D L A N O D A L R A C Y N J D O Q R E P U J T
M B Z S O X V X T K R I O A K K W J R T L U S H O V G J L H A C L G G M G G C I
R Q K T C Y L M X Y R Y F R A U L S D R X J G N N V T Z R W O F A N W U W X O F
M S M O C E J L Y Y N H S E M L H O U I F M Y S T A V Y U T E R F A H S I N A T
S W O N G S X E N W T E U K H A R Q Y C M E W I A C R H G T Y S M I K L H T H K
J O S I B T M P D G K M T X Y N Q A R K S X K X E A B Z R T Q O O O T Z D H N K
A D O N T E D E R R E C K T A O S O N D L T N E A Q E H O X N Y N U Z W Q A V X
R G A G C R L K N I W A F D A X L A N D R E W L T Z Z M S D Q C D C K O D N Q E
R L F E A D L E A J Y A R T A E W I N D H A L A O D I X S X B Q O U B L K K L B
E F L A F A K C E D A O P F M R L X T A V X L E C T A P E K Z X X N L Y E Y S C
L I R E L Y I V A S J K S P A Z Z Y T O H J E F F K H R F Y T I V I T I S O P X
L O D O B S P Q C Y Y A R Y V T A W A N A S Y K W C Y N O F B G H F M I G U X U
N V R D S A M R R G M H U D O Q I T K M Y M E M J Z N G R N Q S T Y I A F U E M
Z E M E J G A L Q Z H L T M L F J V D Y H K M A M J Q W P F M A J B O P D E C Q N
N D J I V O A Y N O S I P B G D L V Y T Y S R K T P G B U X K P M E U Z S J Y V
O S G X Q D N X M K M L R K E U L O Q Z K B W C R R I F C J M H V P R I W H P W
S O L M R L U U B V M L T S Y T D Y K C B R X X G P X U E C U R B W C W B G U I
```

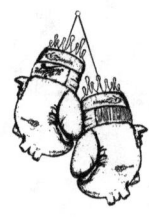

SIX YESTERDAYS AGO

SYA is about not being afraid to be different and not holding off your dreams visions, goals, experiences, and ideas for another day. You just have to embrace the situations that make up your life...the situations, plot twists, unbelievable, funny, scary, sad and or crazy moments that make you; YOU!

It's about fun and turning every 24hrs into a mini life episode, opening up possibilities for you and minds of others you tell your story. It's about seeing and thinking differently while staying true to yourself. You should make people wonder about your sanity and ways of thinking to spark theirs whether it's in a weird, funny, educated, or thoughtful manner. Always believe that you can do and see so much more in a world of con-tradictory. Most importantly make ideas happen soon as you get them in your head. Stop setting them off for "tomorrow". Shoot for your goals and dreams and LIVE IN THE MOMENT no matter how rough life can be. Time to get out of this fake box and take action on things you said you wanted to do, try, think, create, or make an impact on...

SIX YESTERDAYS AGO.

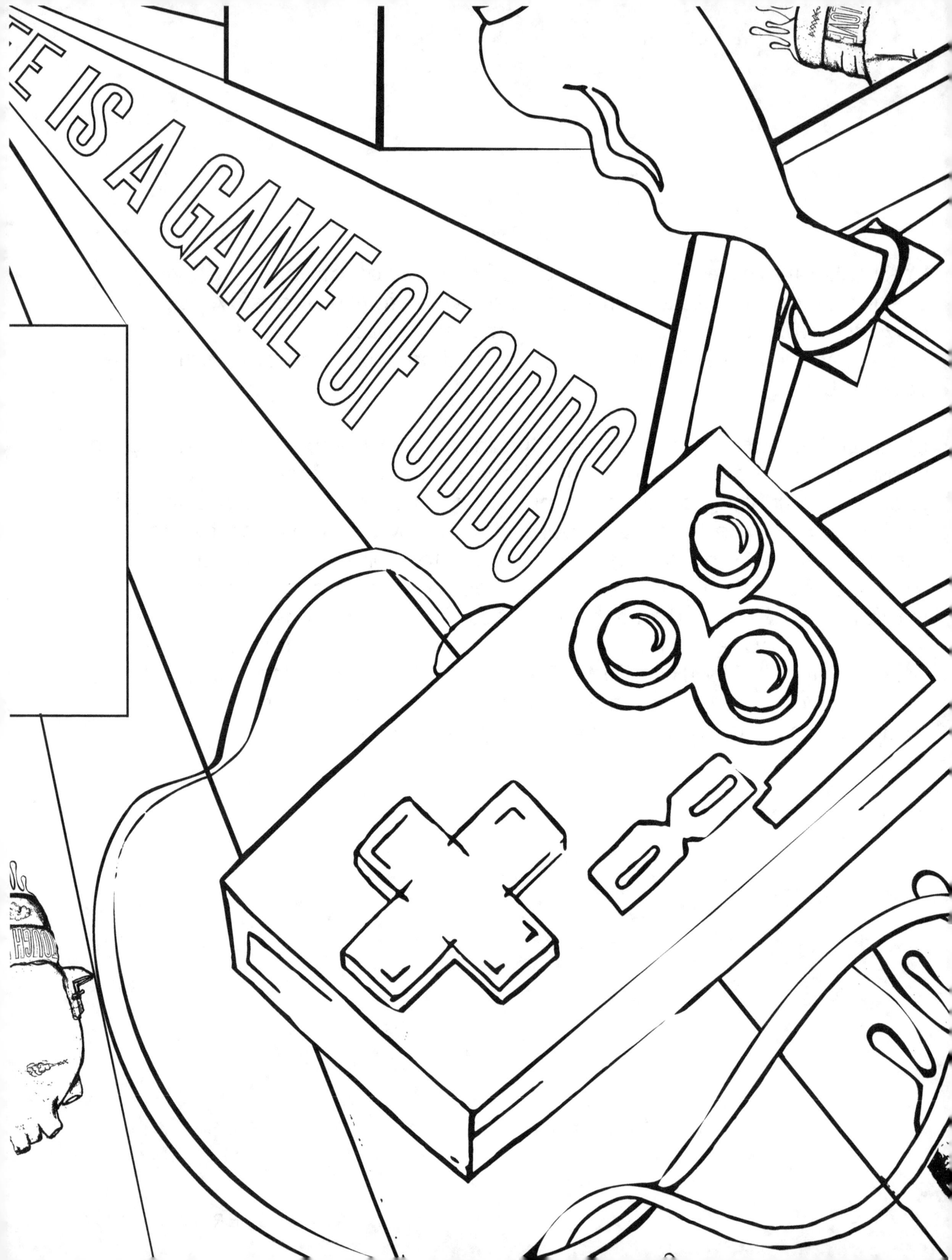

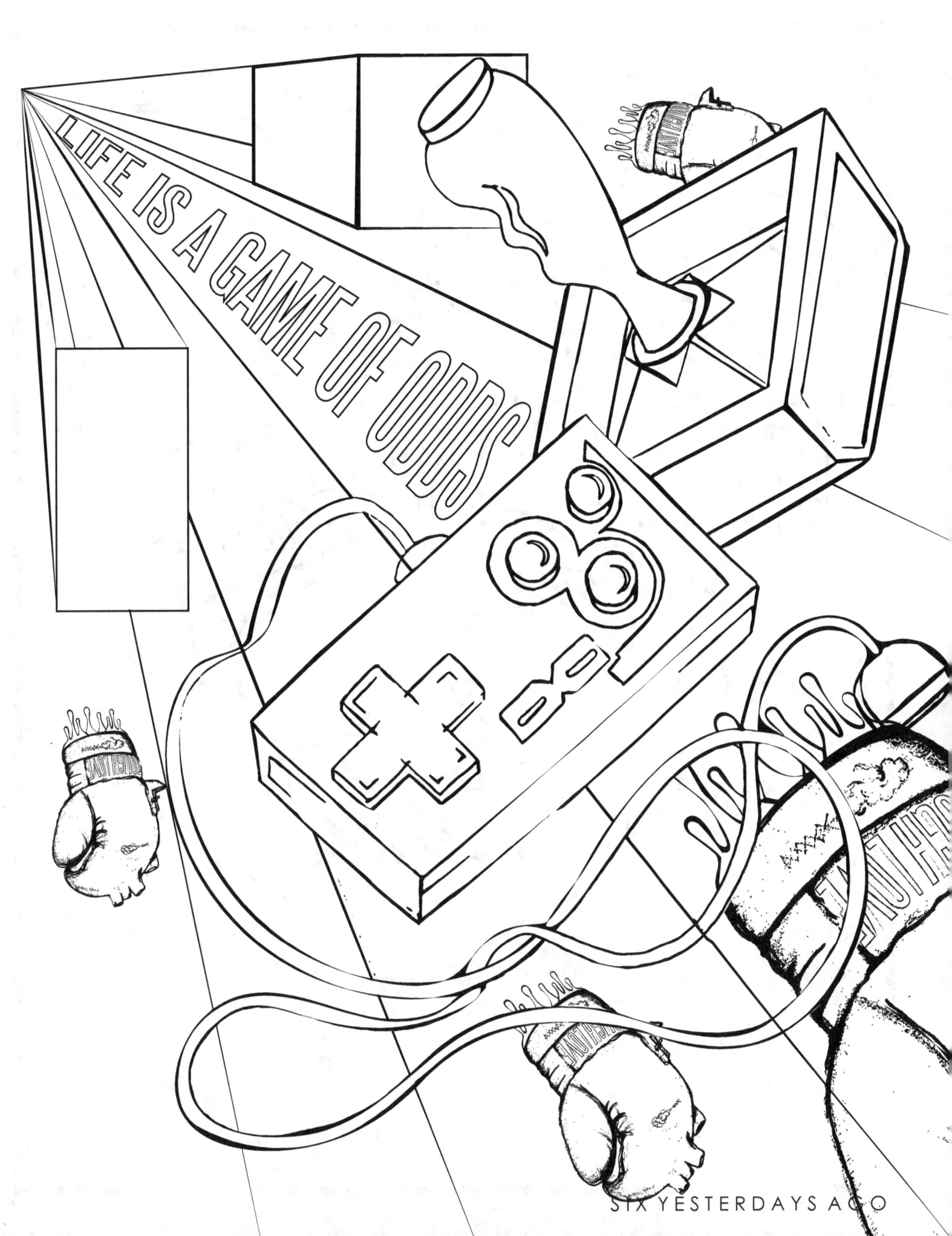

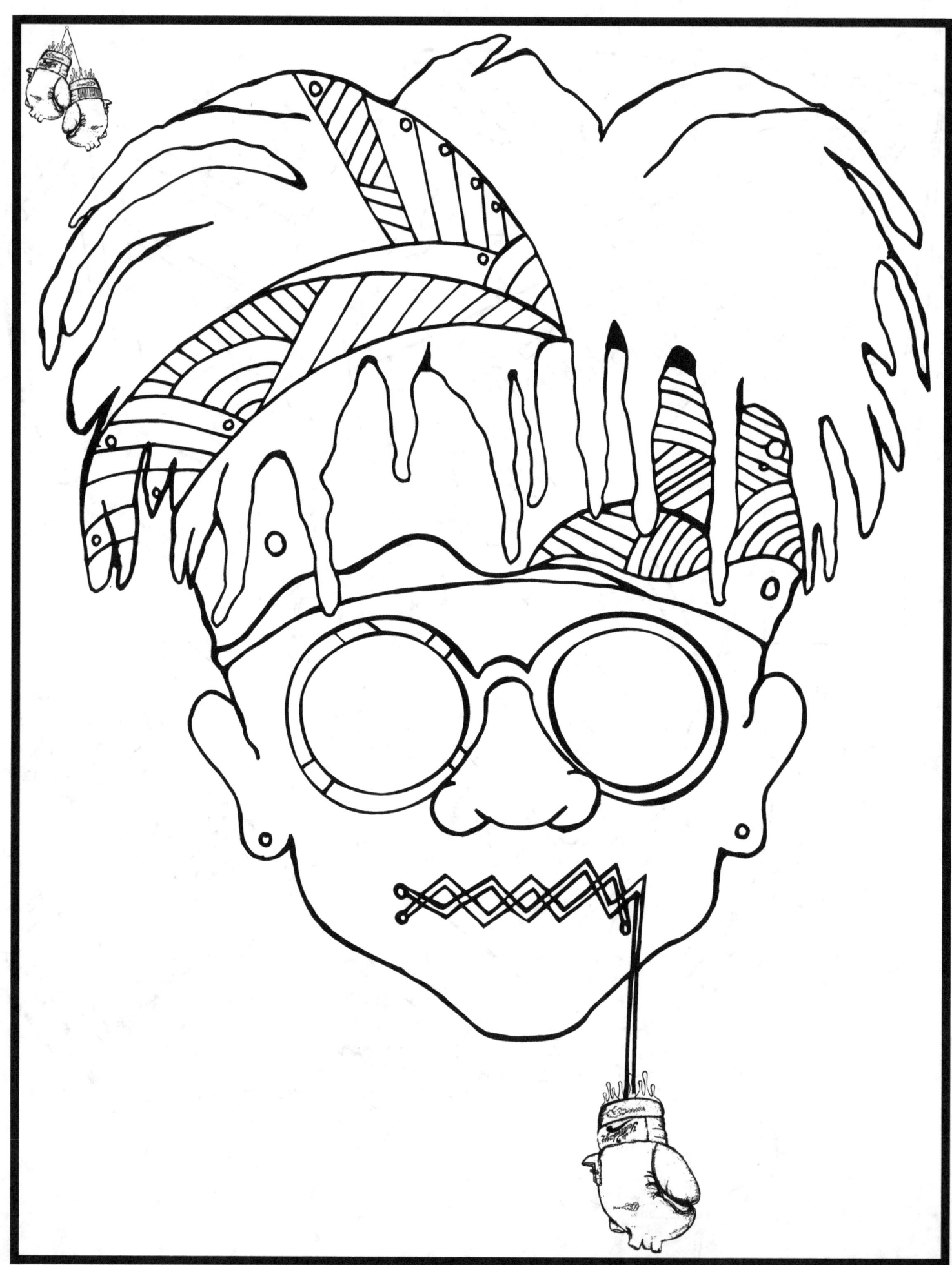

SIX YESTERDAYS AGO

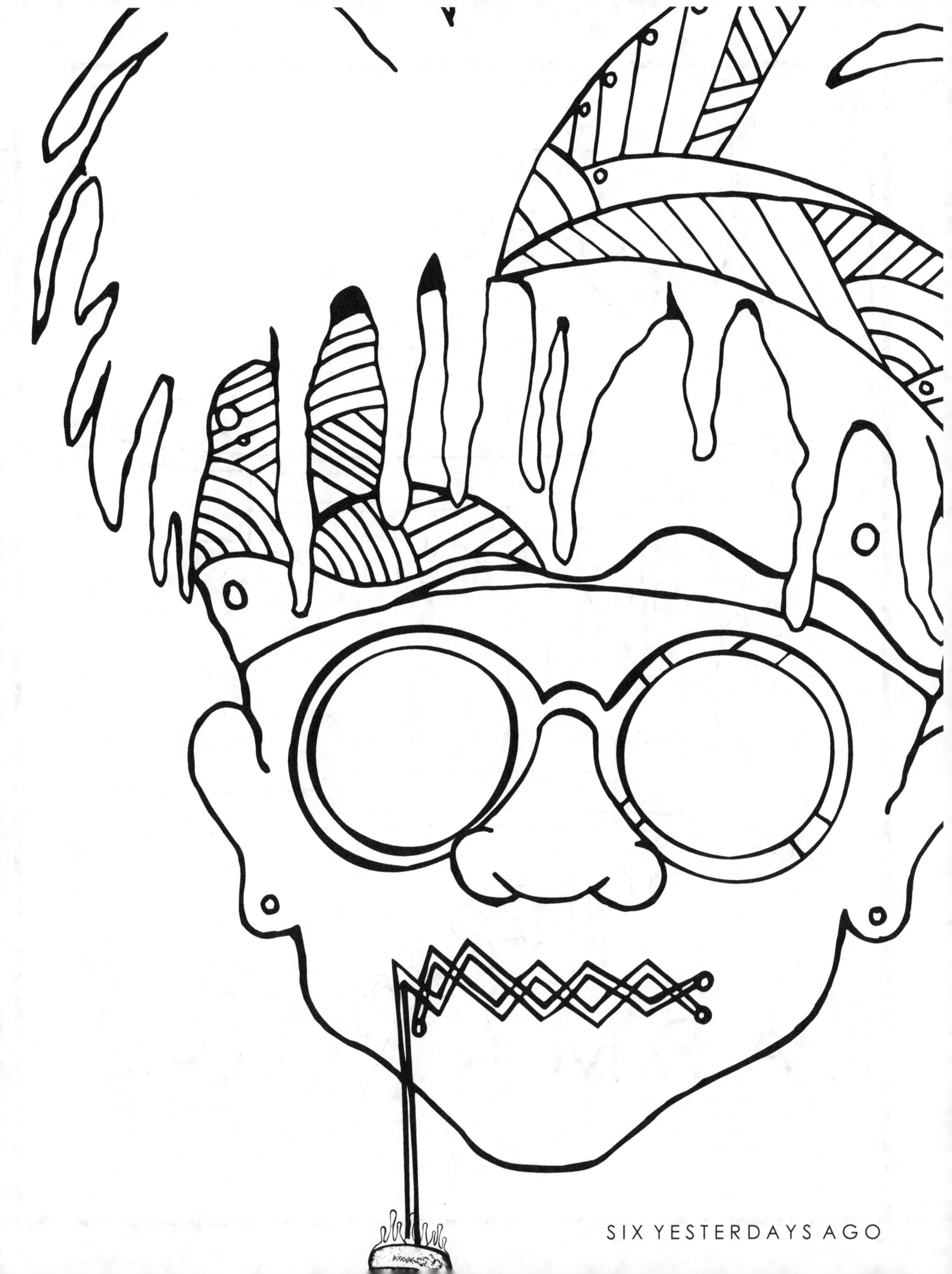

SIX YESTERDAYS AGO

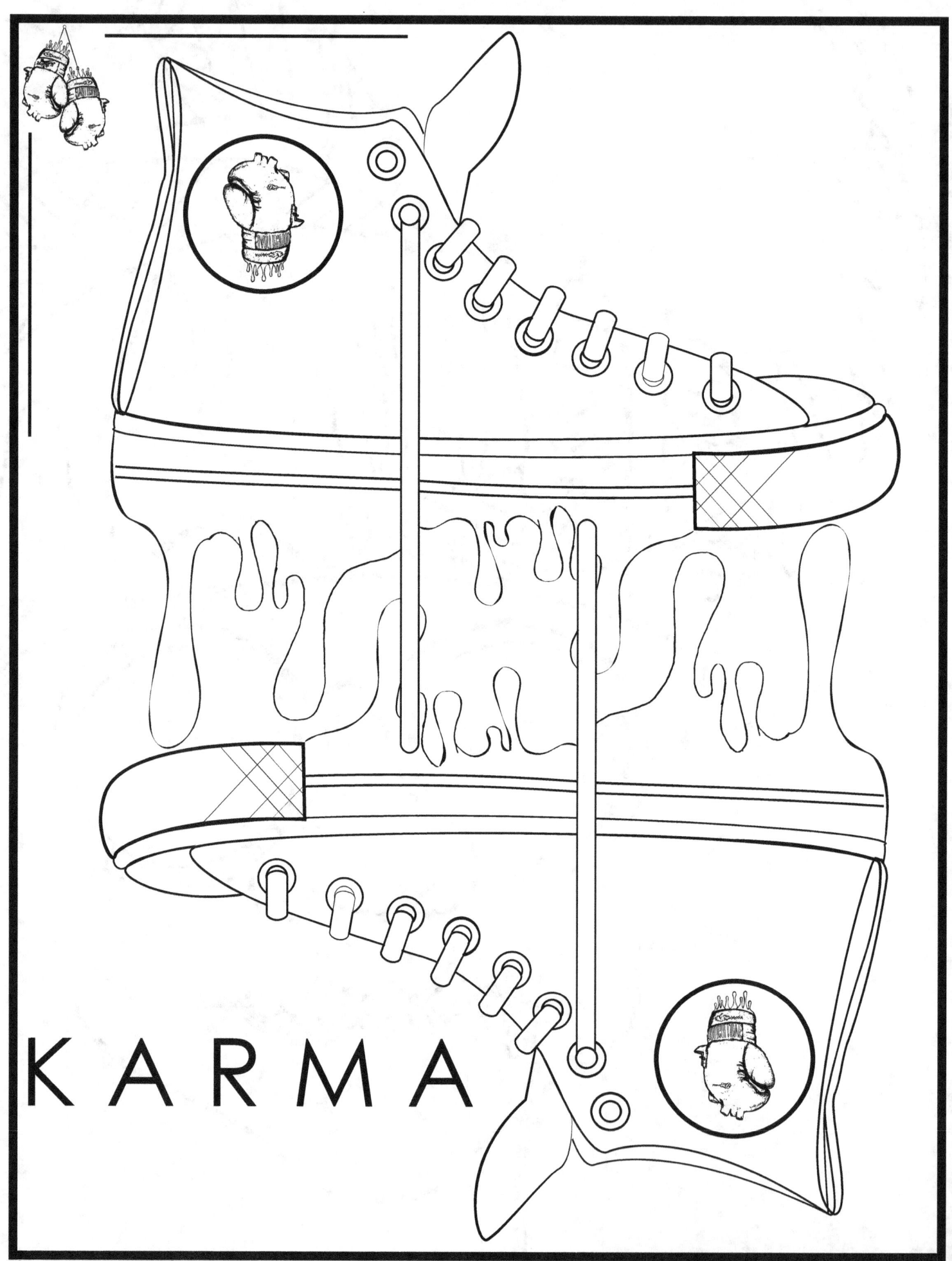

KARMA

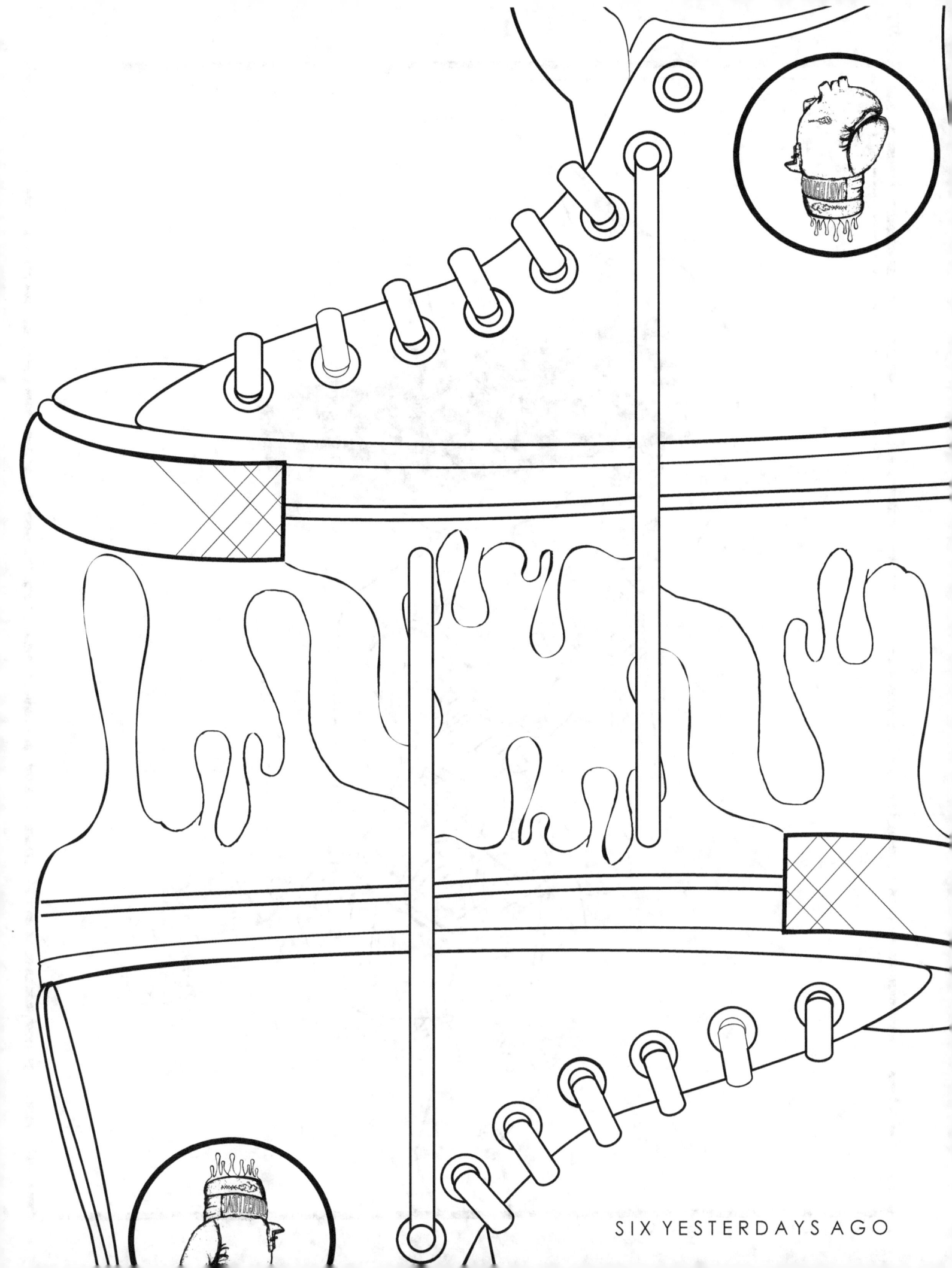

SIX YESTERDAYS AGO

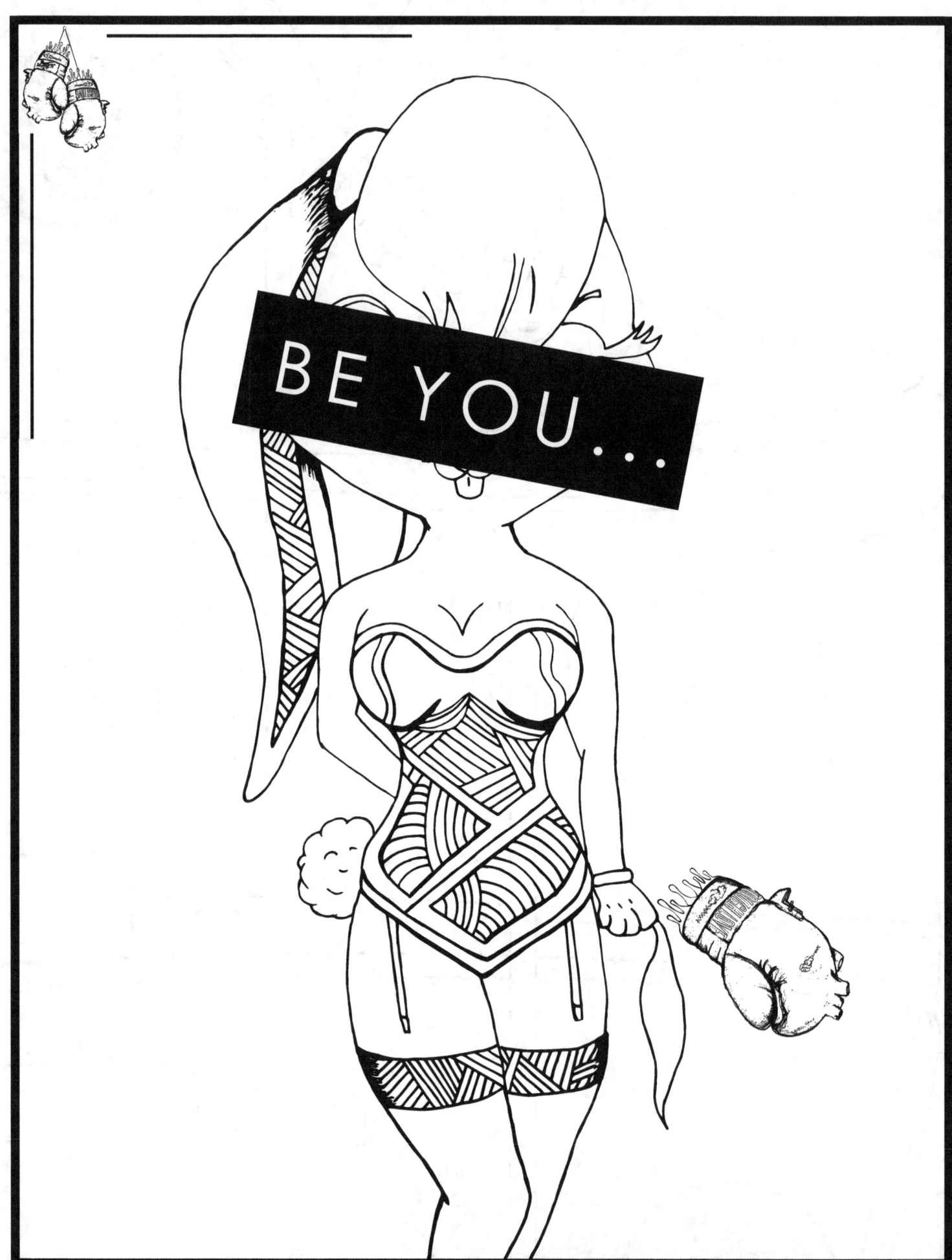

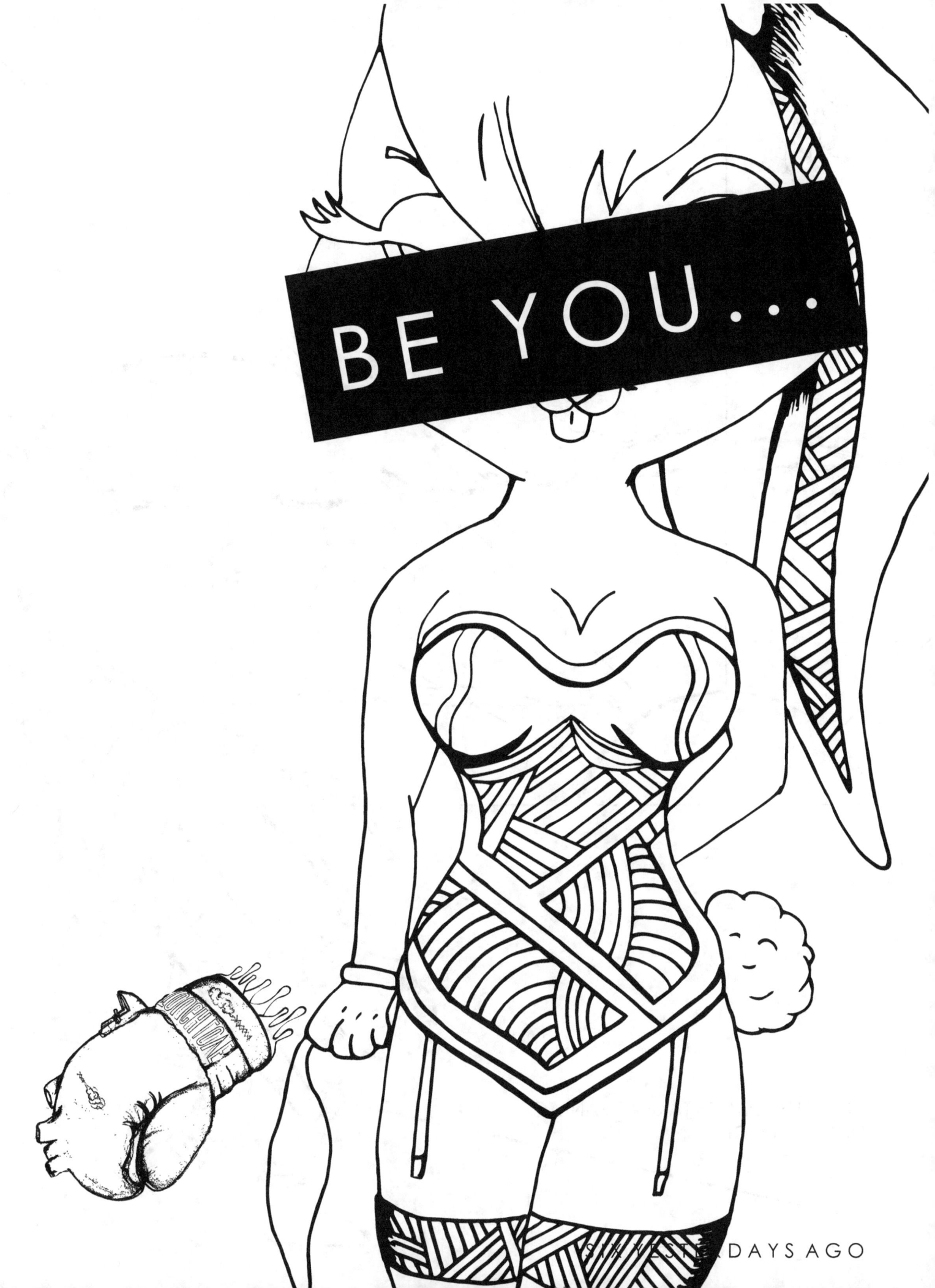

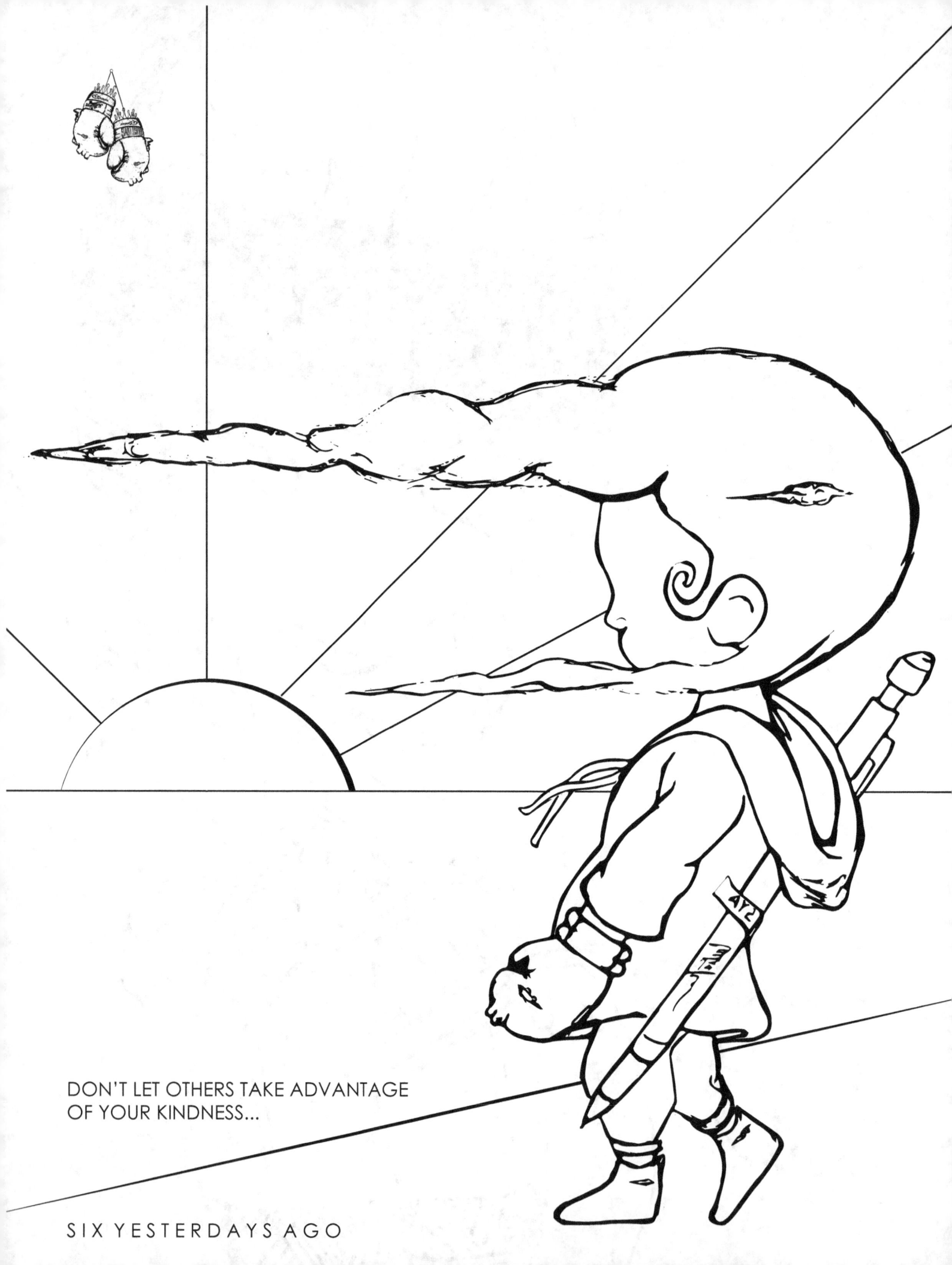

DON'T LET OTHERS TAKE ADVANTAGE
OF YOUR KINDNESS...

SIX YESTERDAYS AGO

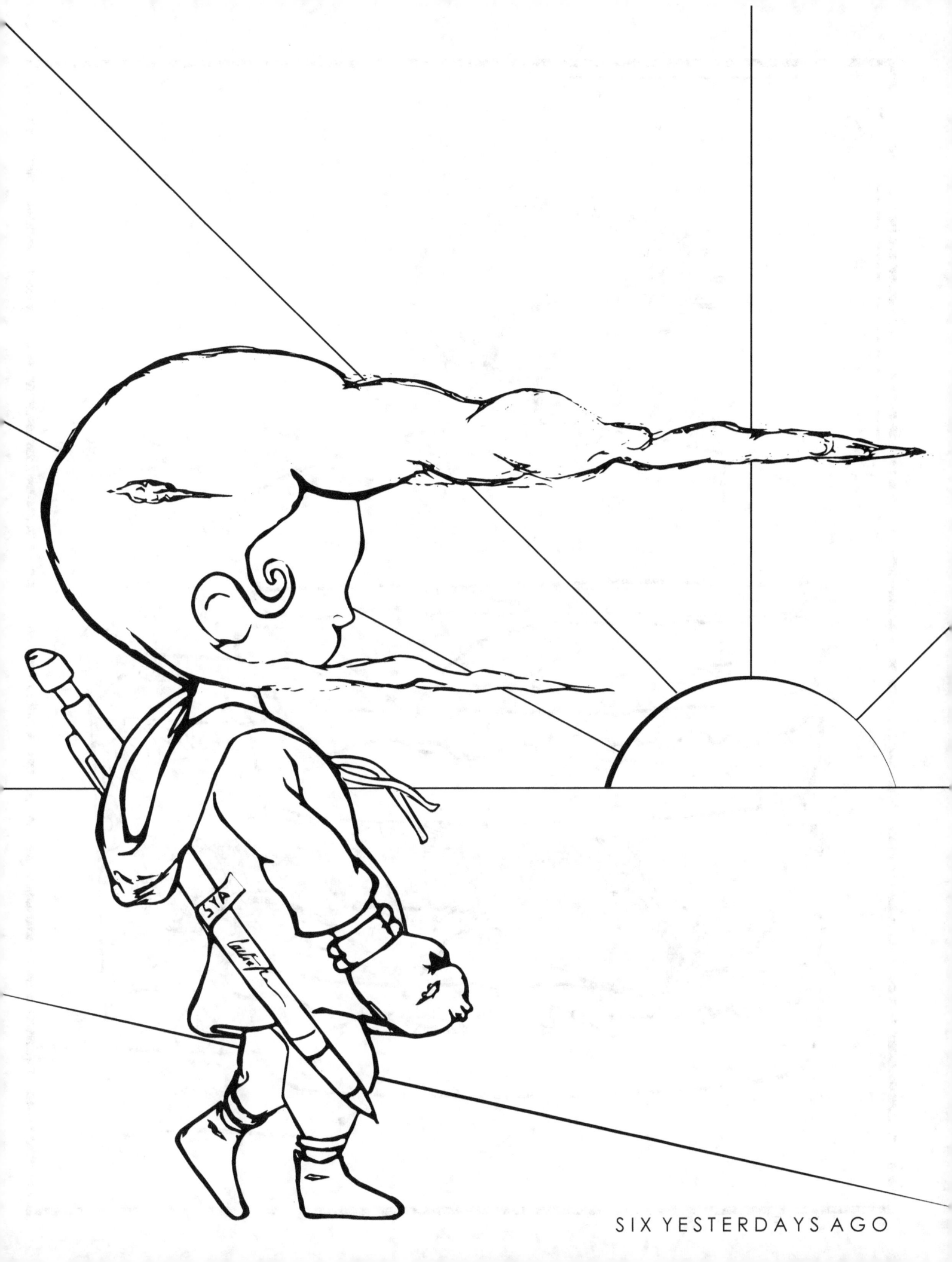

SIX YESTERDAYS AGO

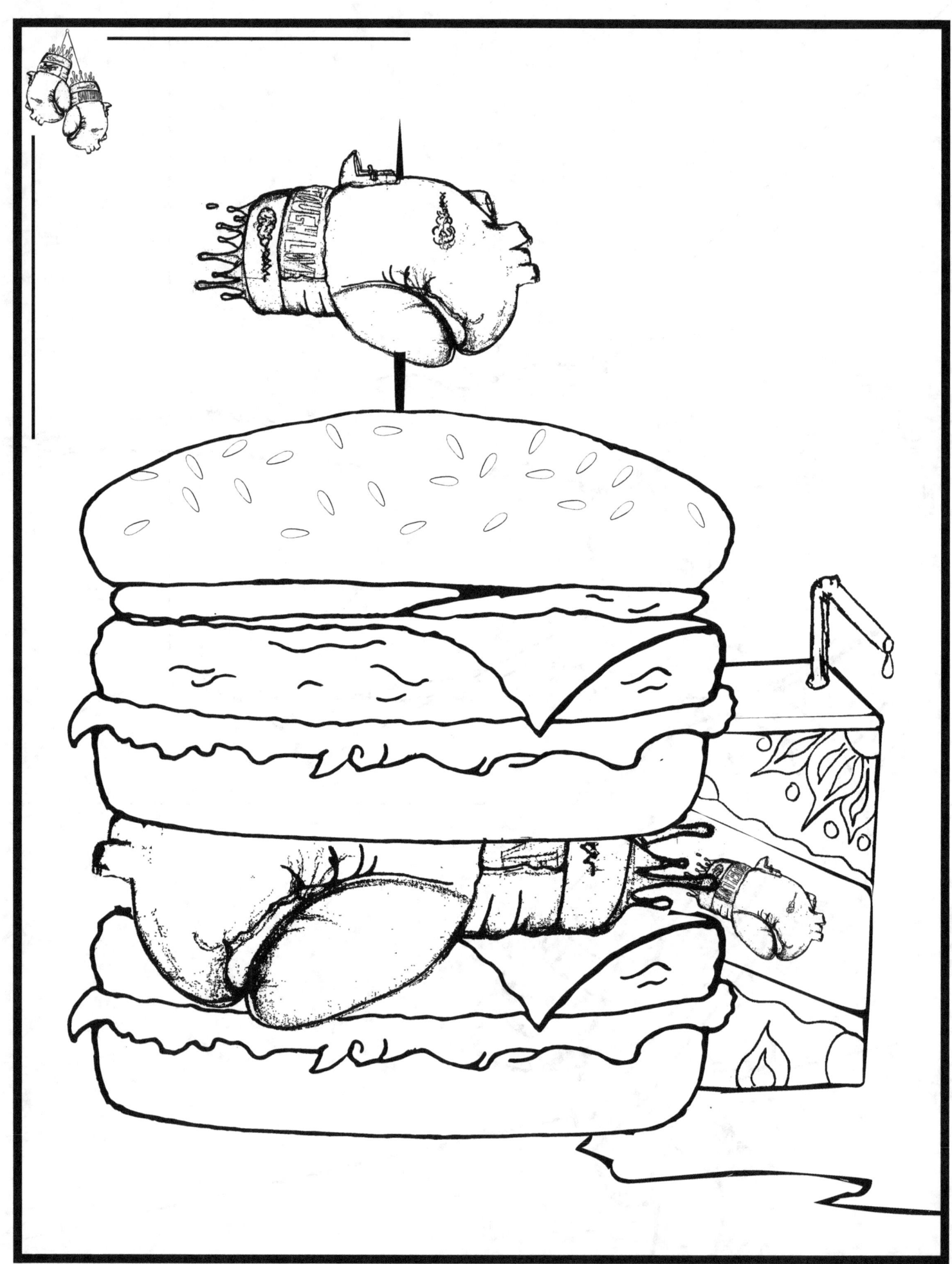

SIX YESTERDAYS AGO

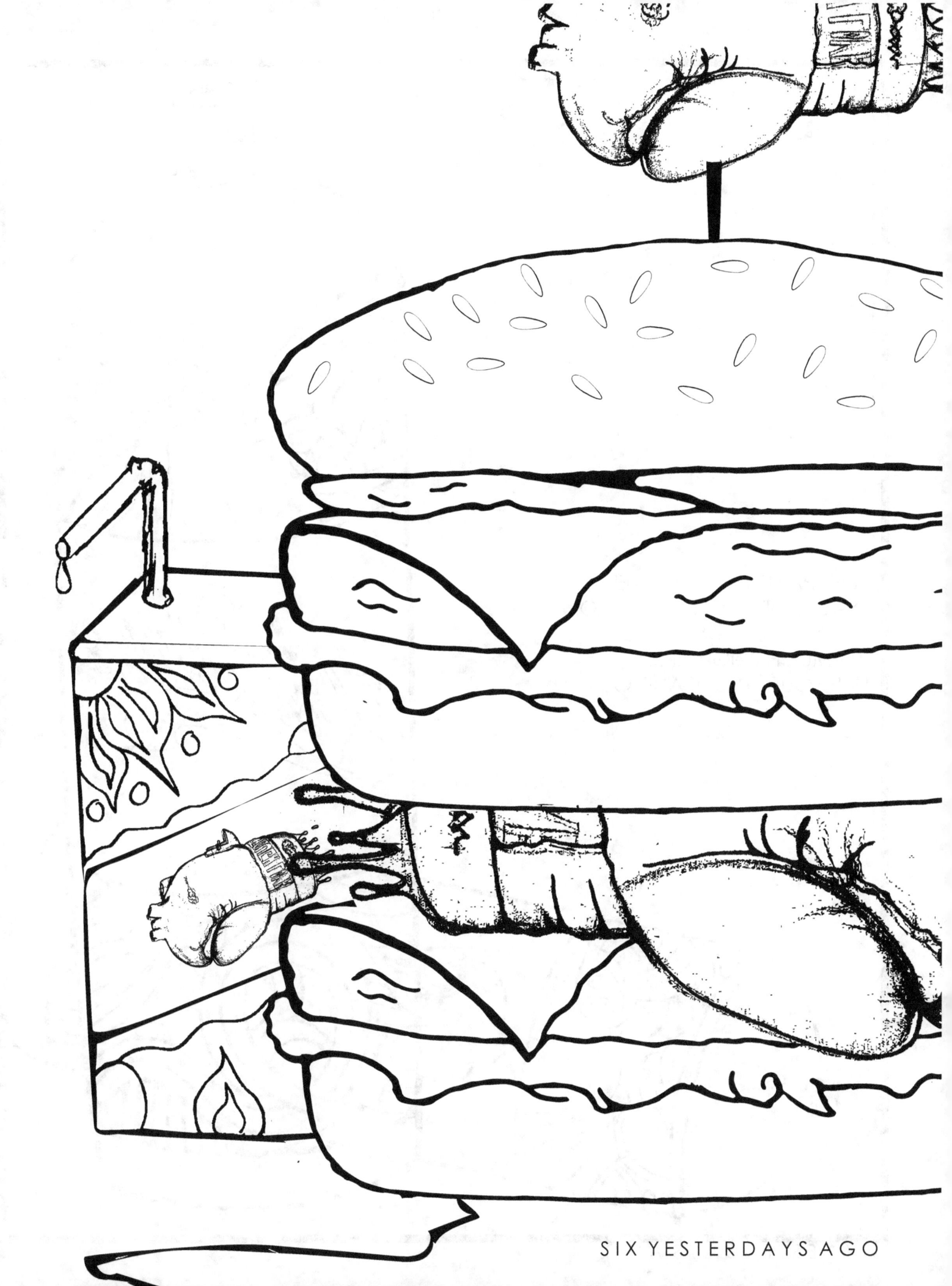

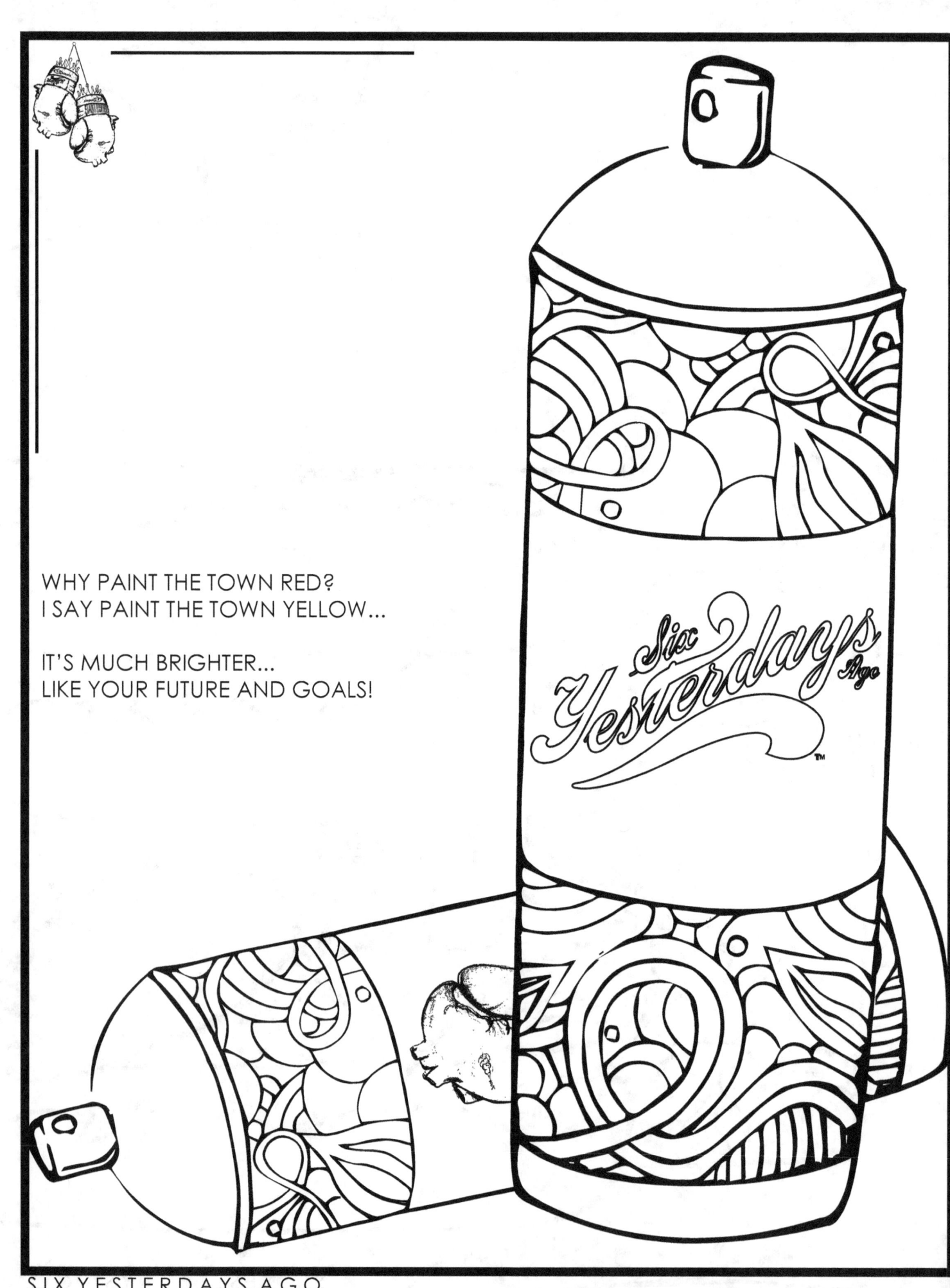

WHY PAINT THE TOWN RED?
I SAY PAINT THE TOWN YELLOW...

IT'S MUCH BRIGHTER...
LIKE YOUR FUTURE AND GOALS!

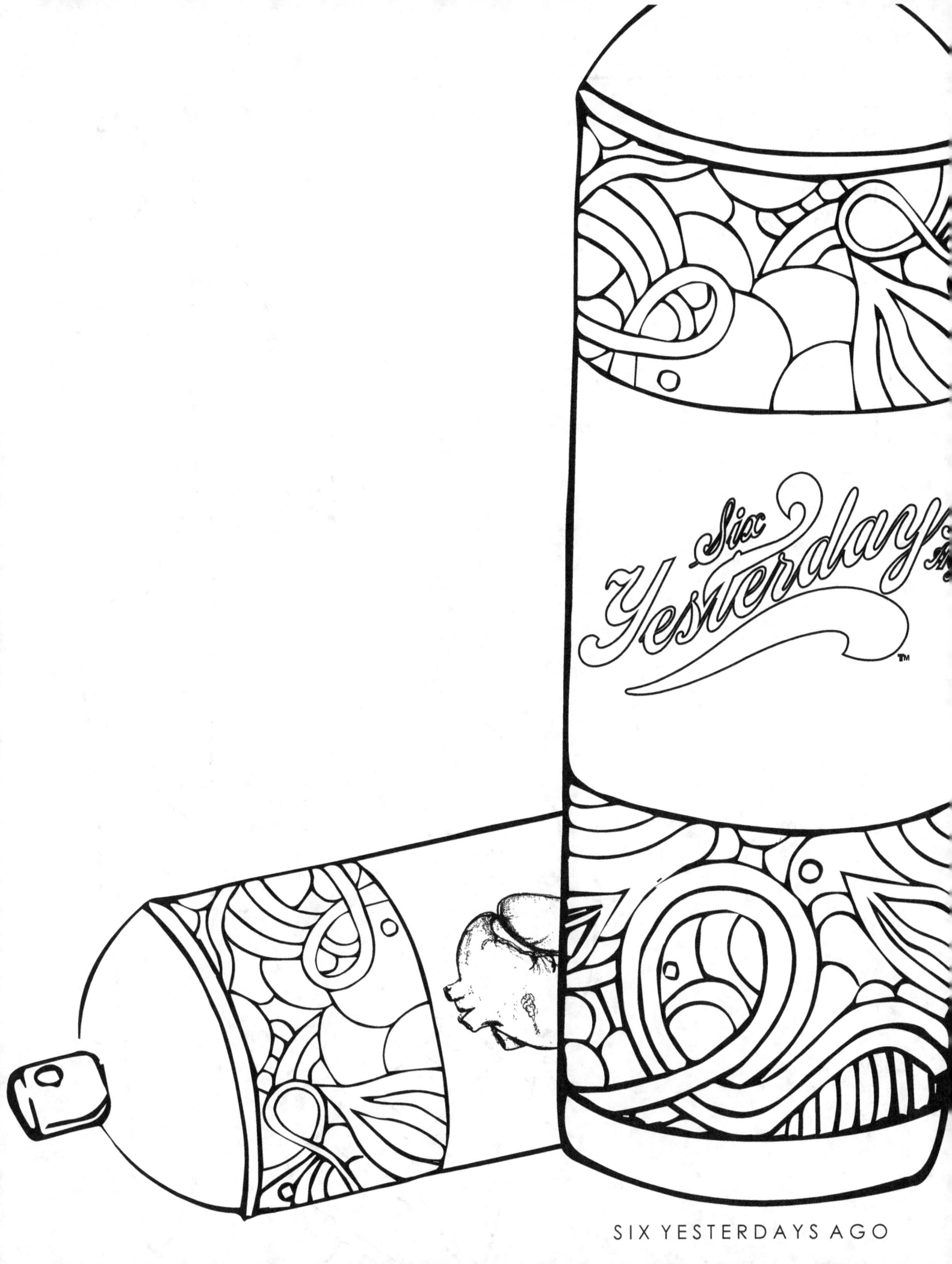

SIX YESTERDAYS AGO

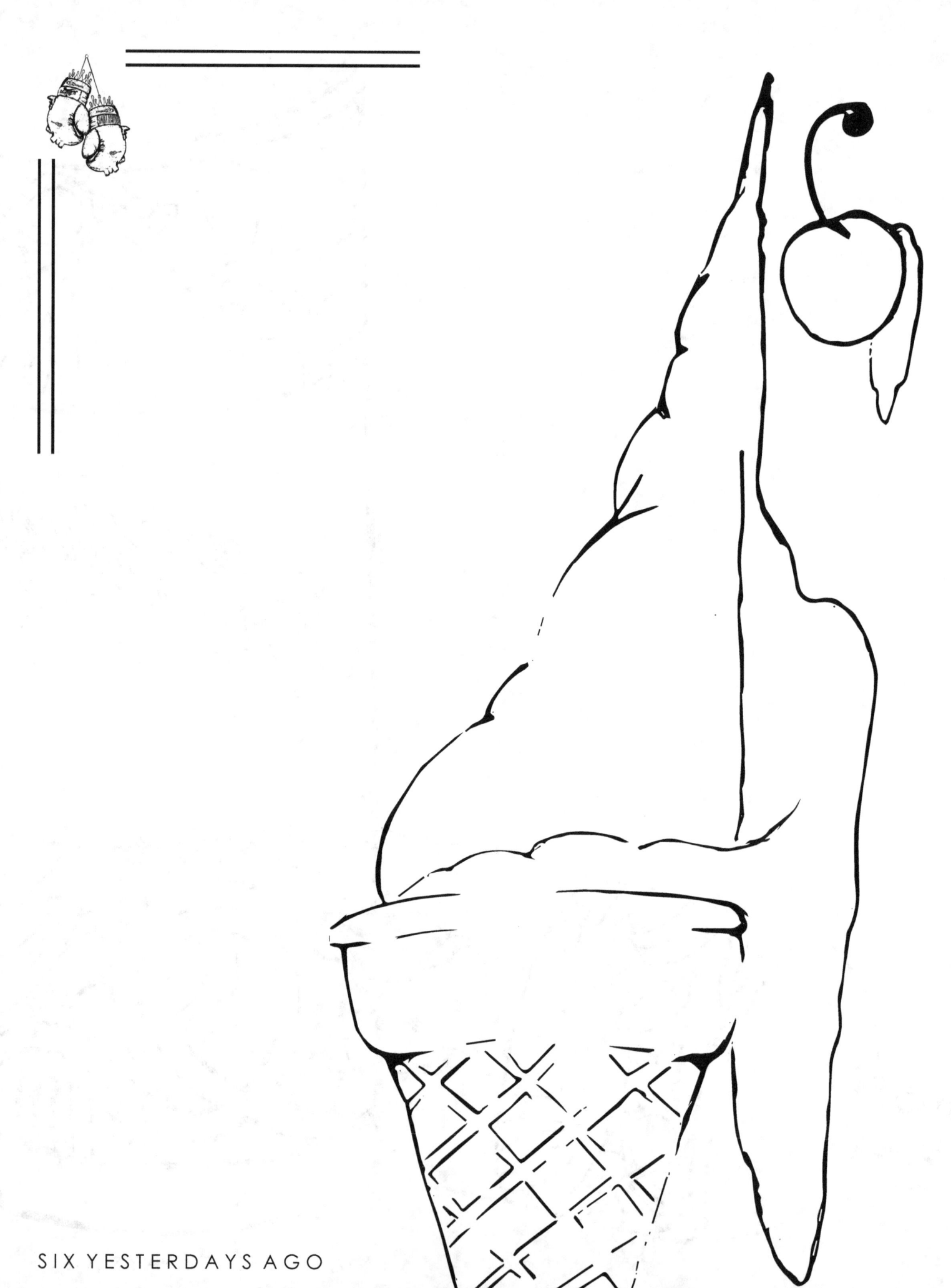

SIX YESTERDAYS AGO

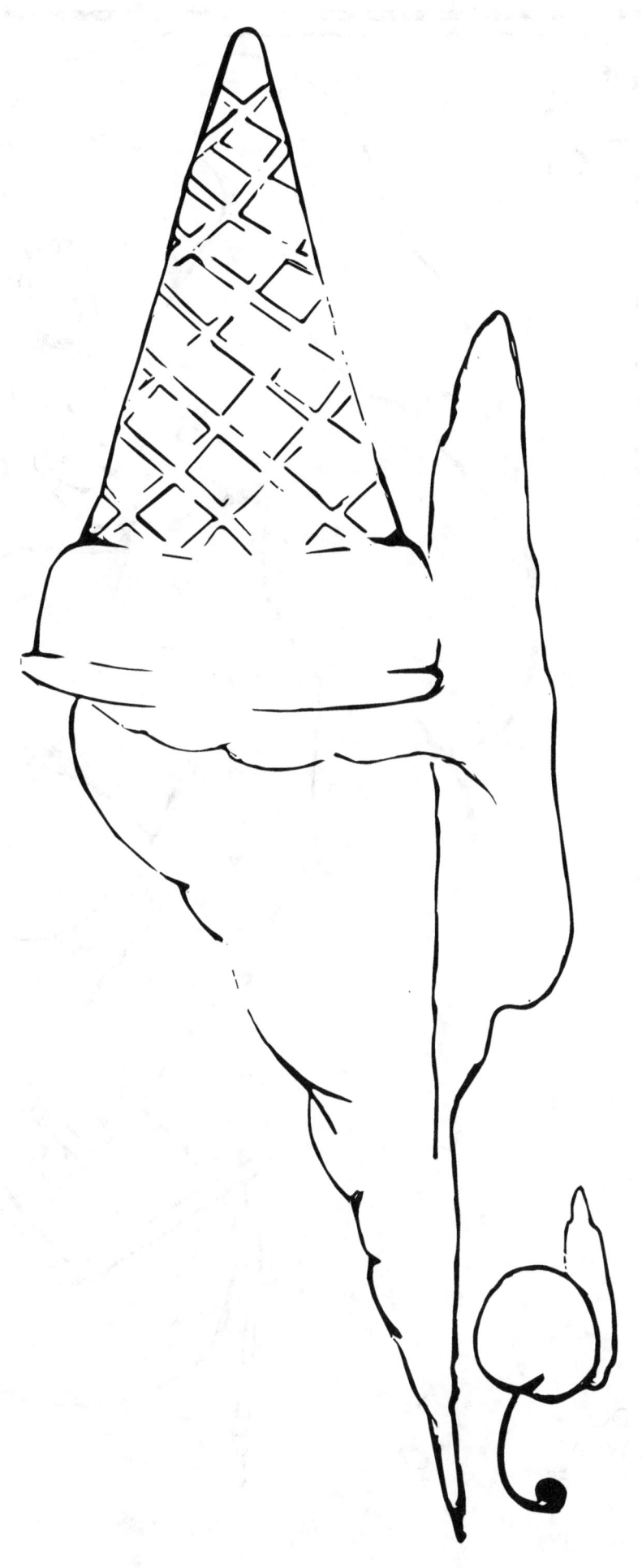

SIX YESTERDAYS AGO

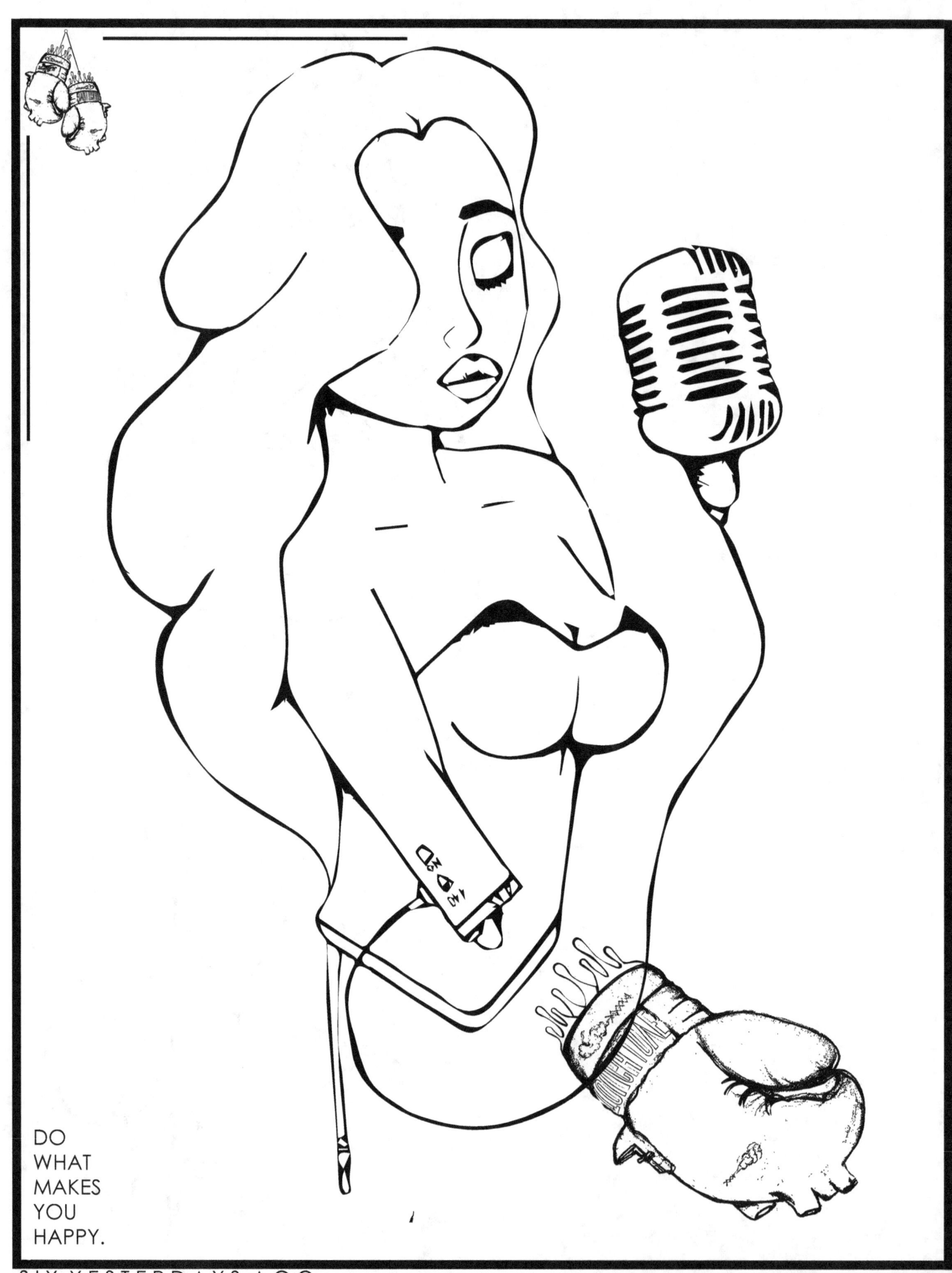

DO
WHAT
MAKES
YOU
HAPPY.

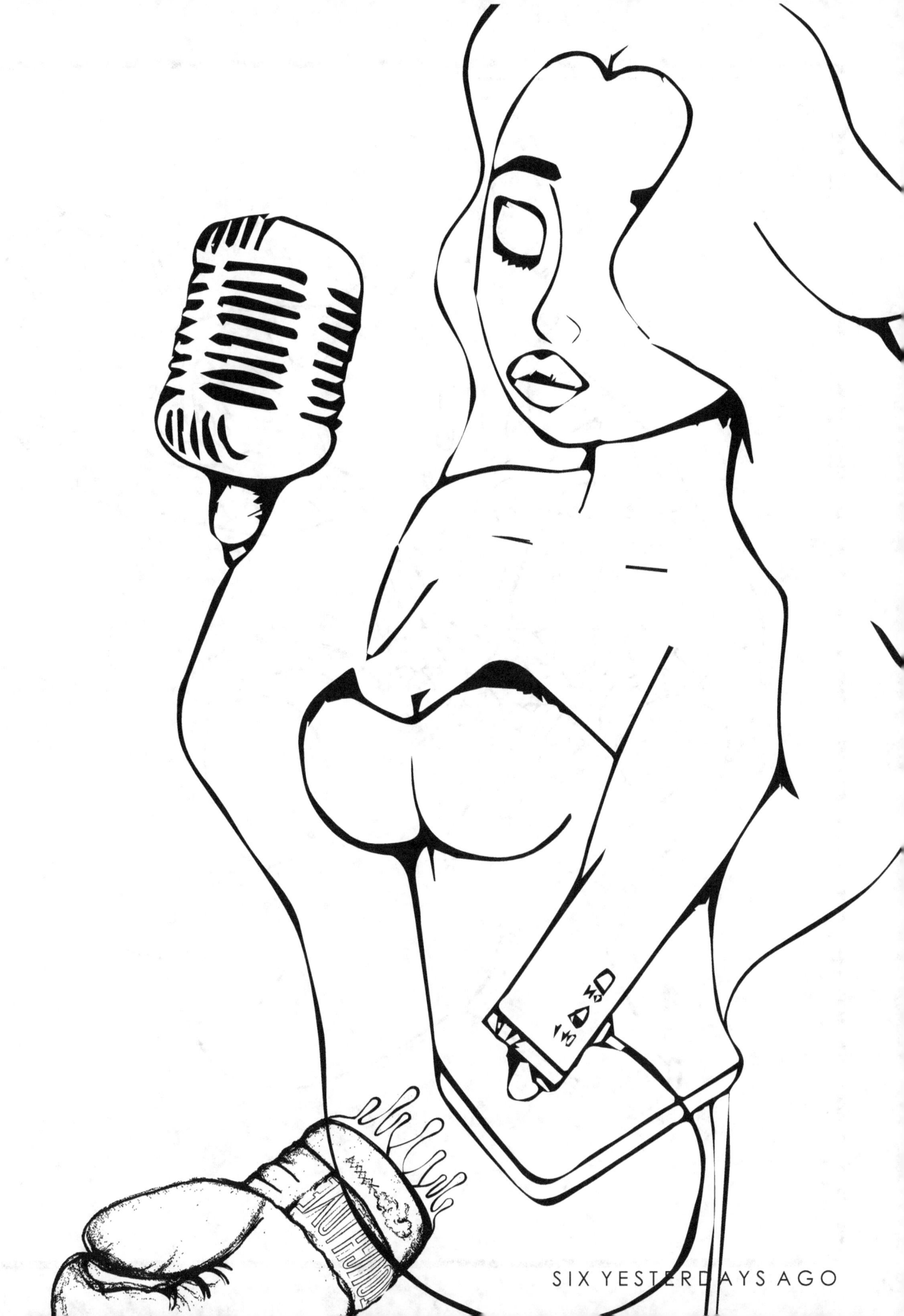

SIX YESTERDAYS AGO

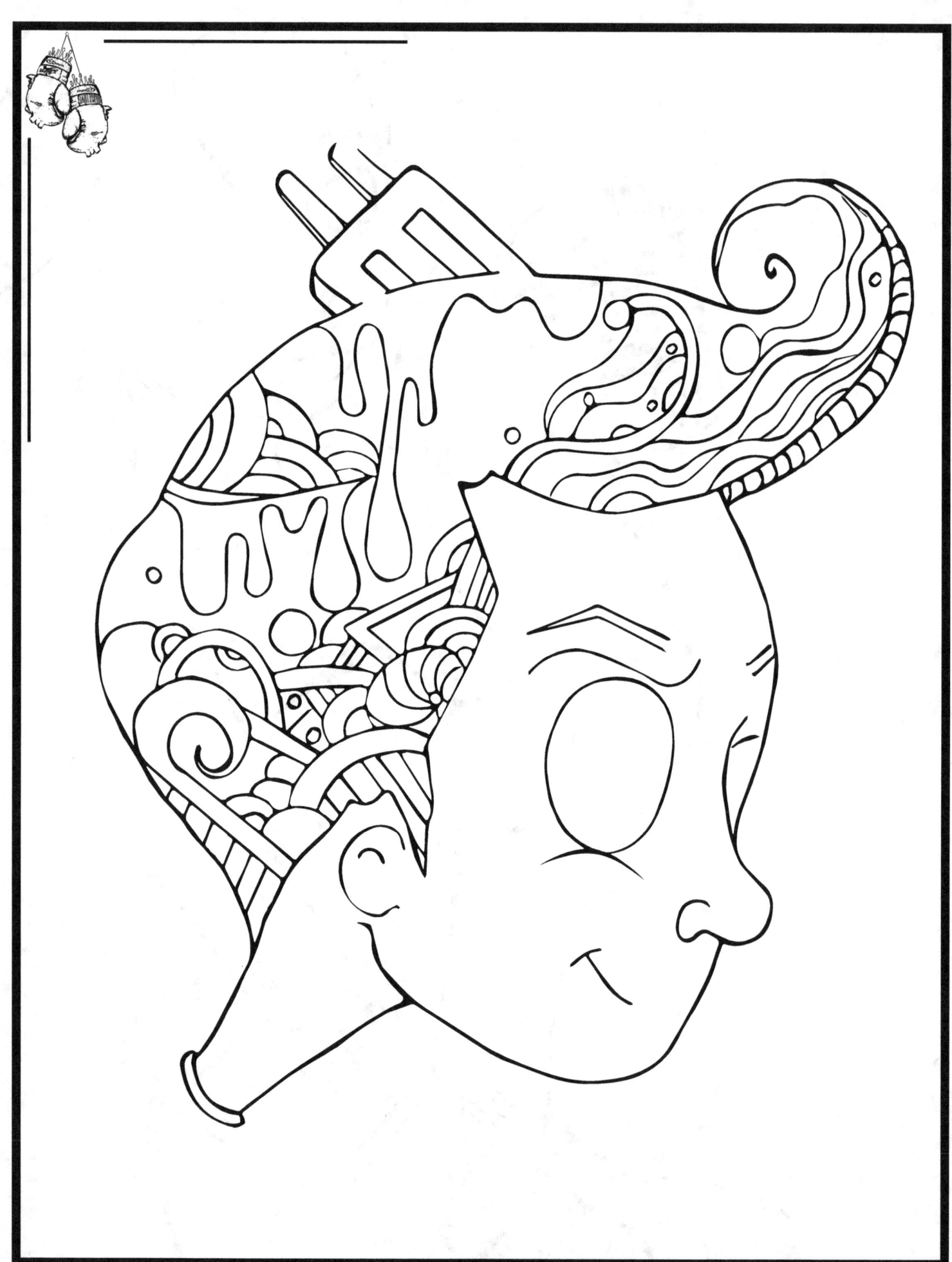

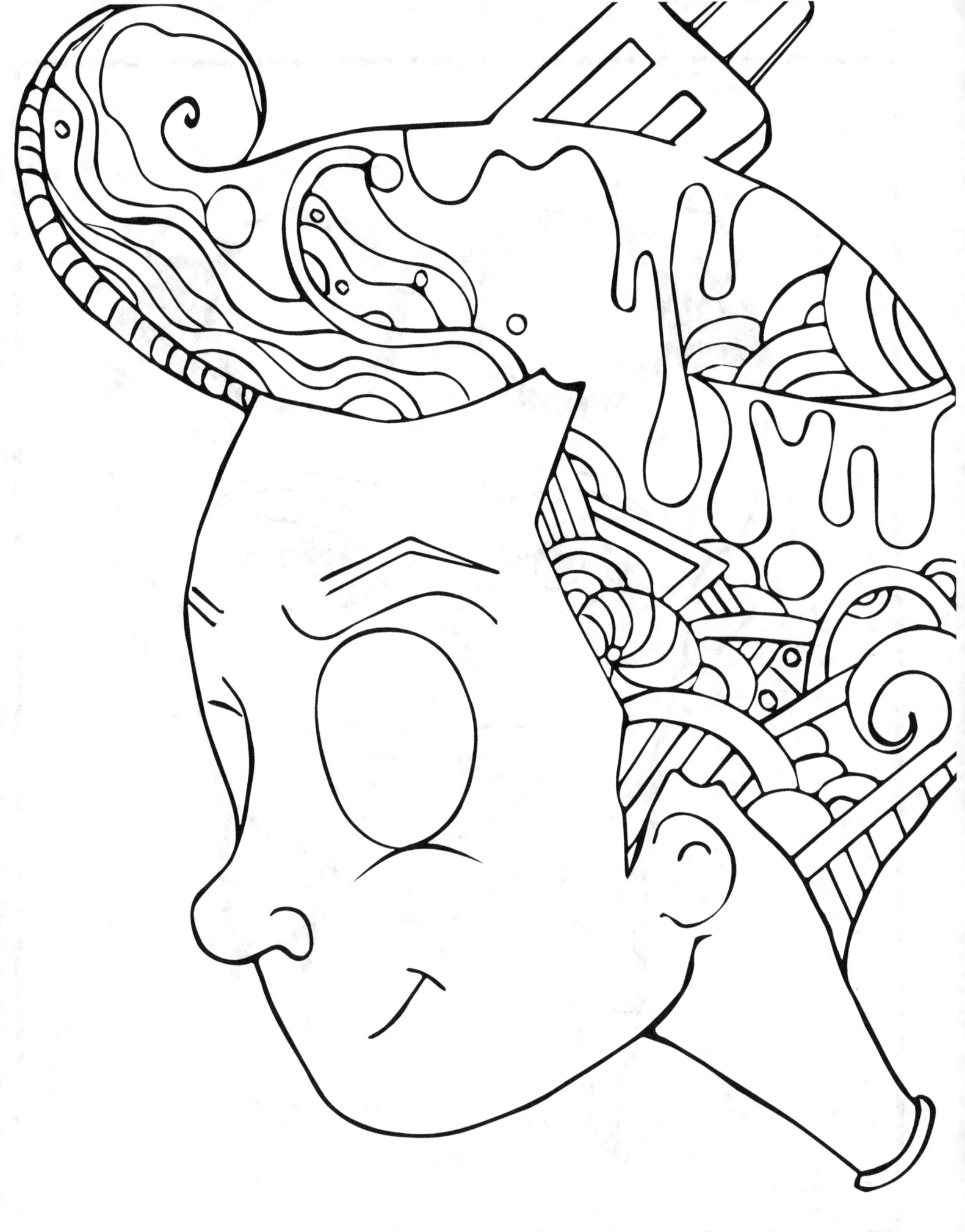

SIX YESTERDAYS AGO

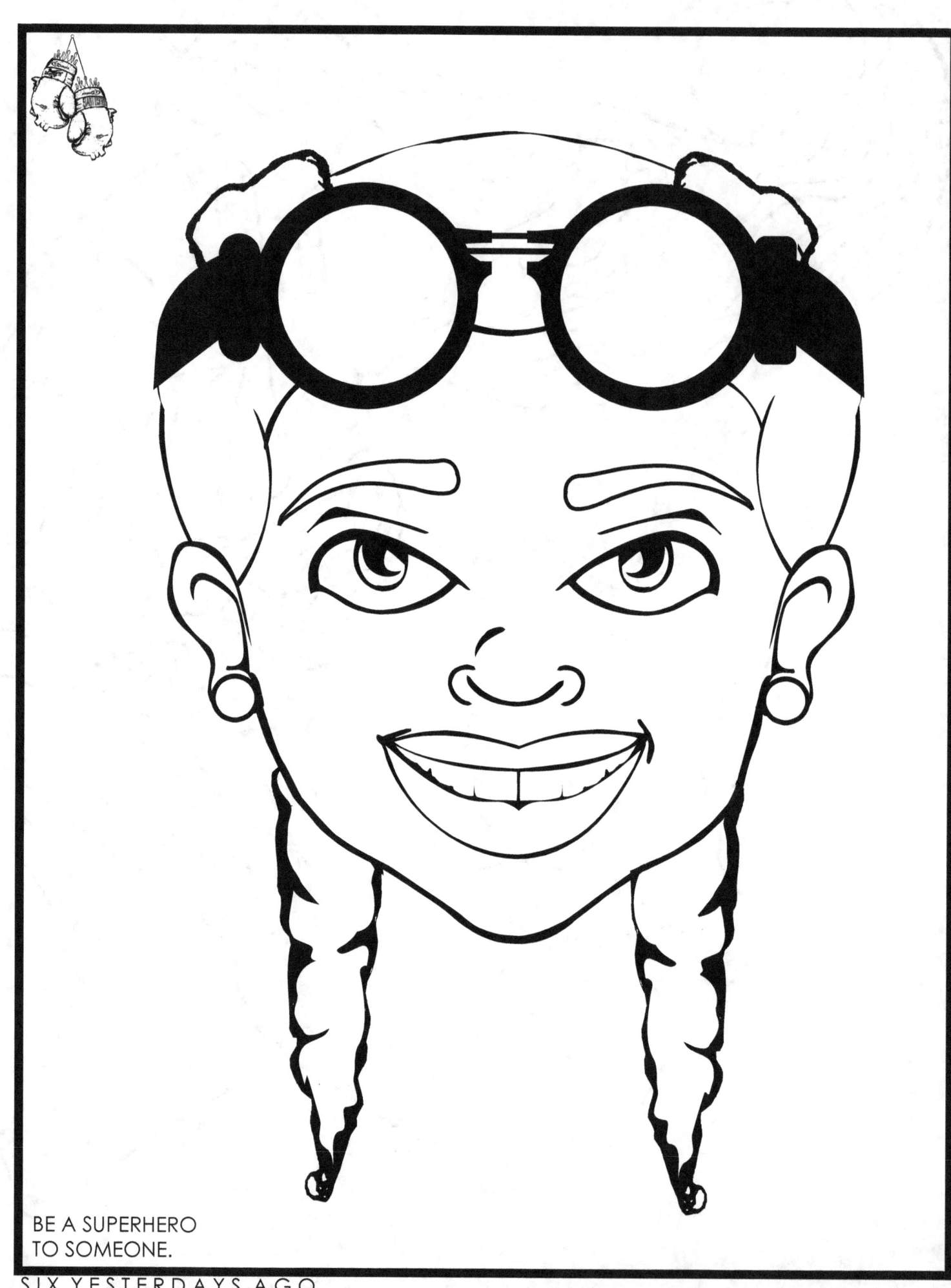

BE A SUPERHERO
TO SOMEONE.

SIX YESTERDAYS AGO

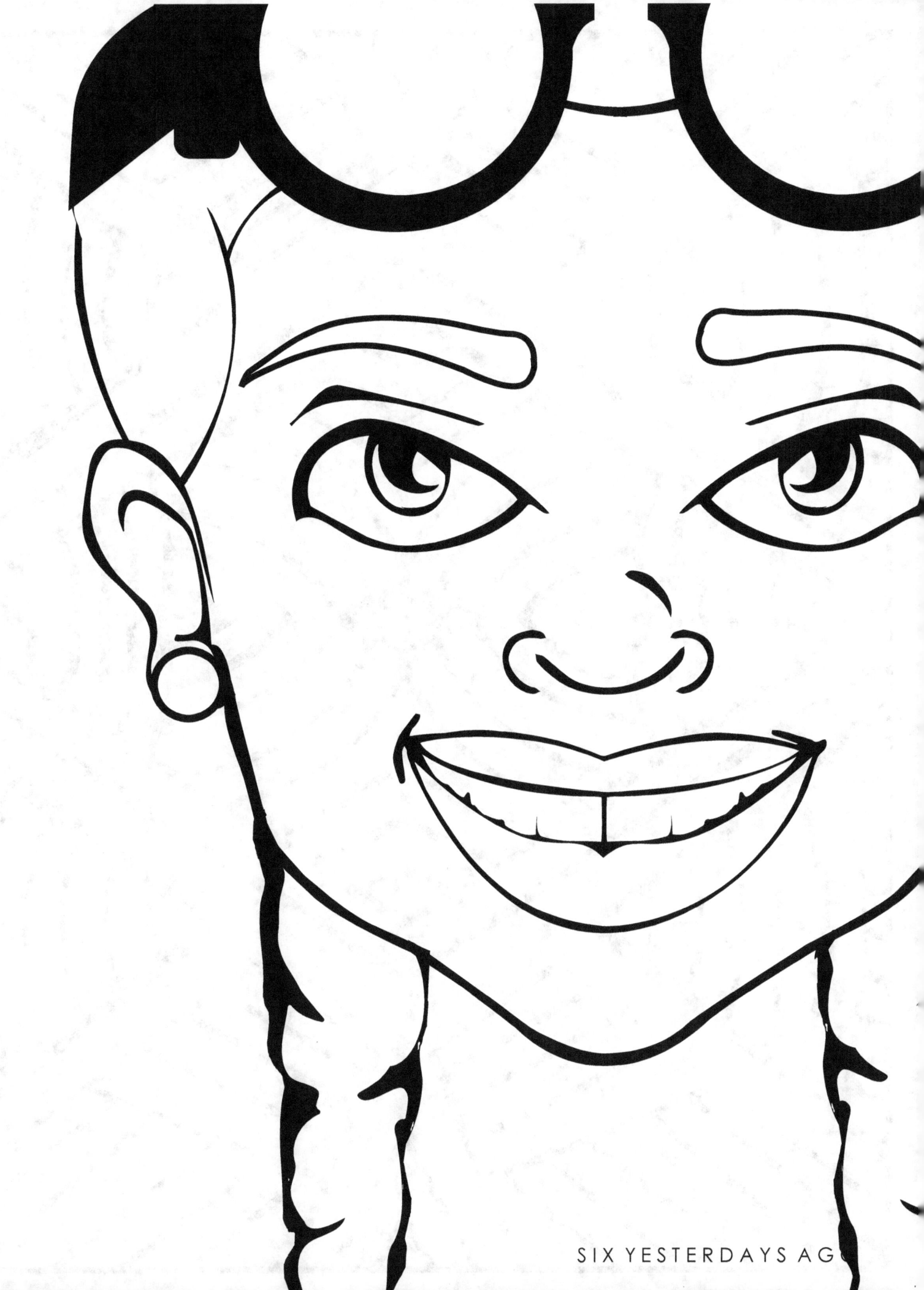

SIX YESTERDAYS AGO

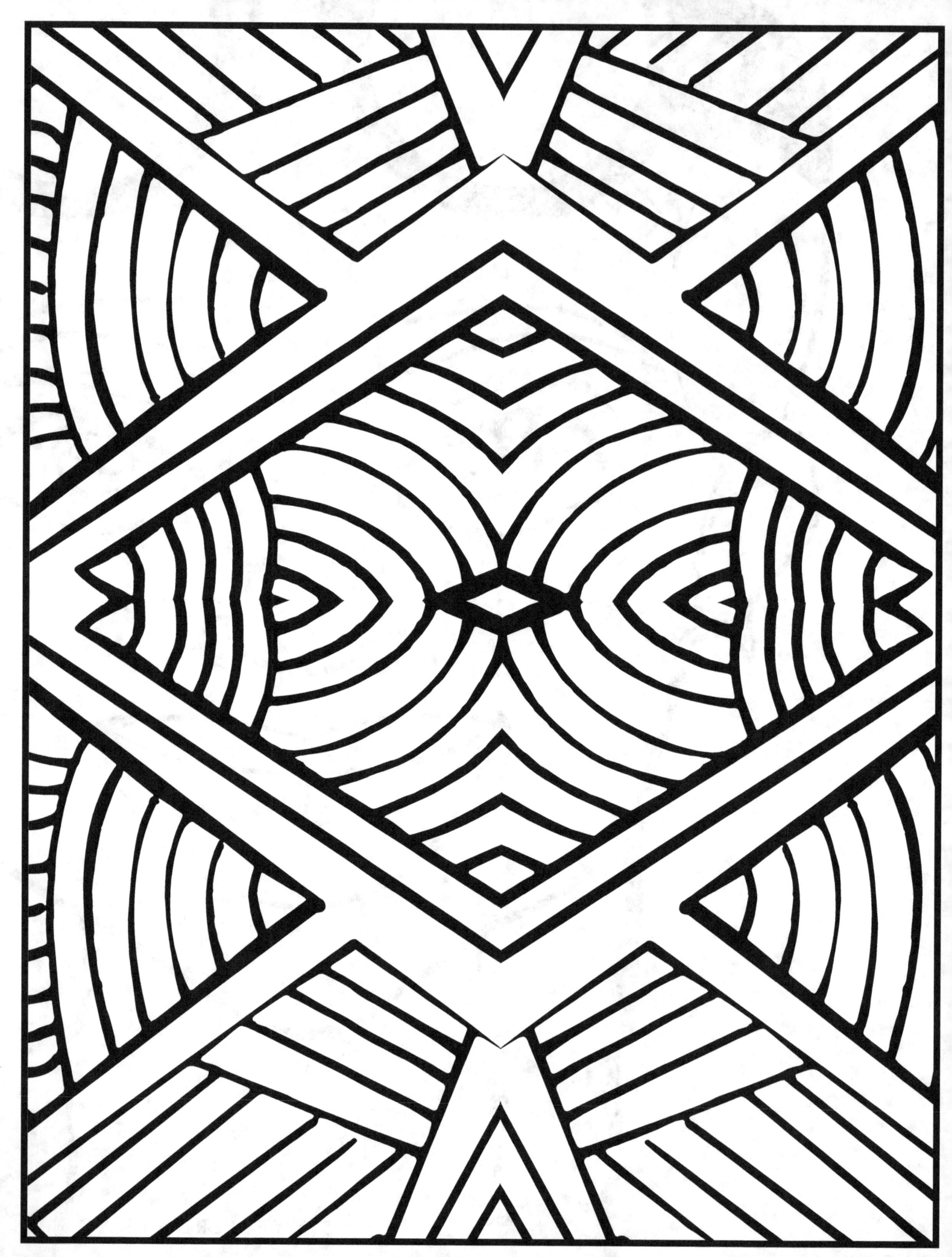

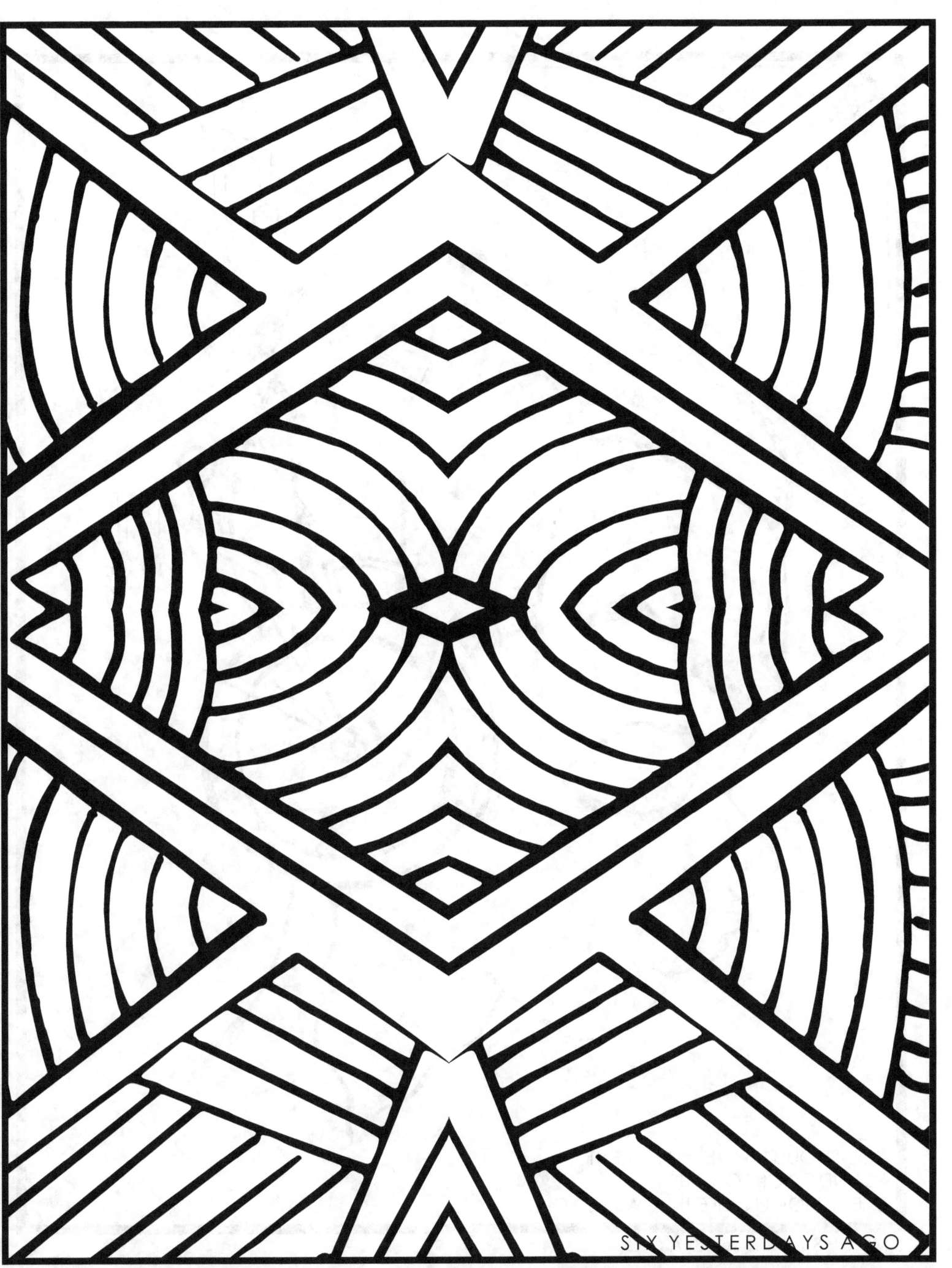

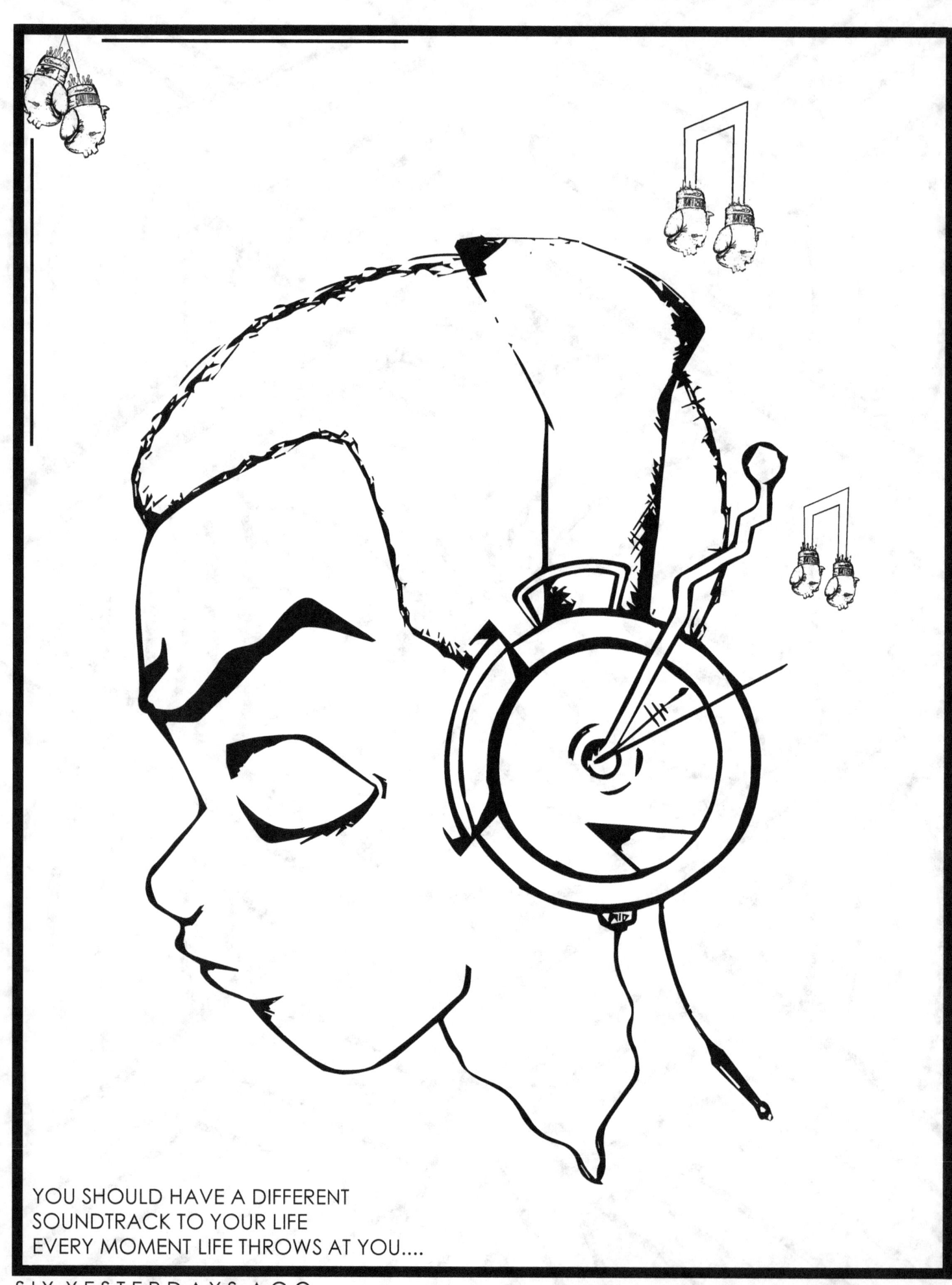

YOU SHOULD HAVE A DIFFERENT
SOUNDTRACK TO YOUR LIFE
EVERY MOMENT LIFE THROWS AT YOU....

SIX YESTERDAYS AGO

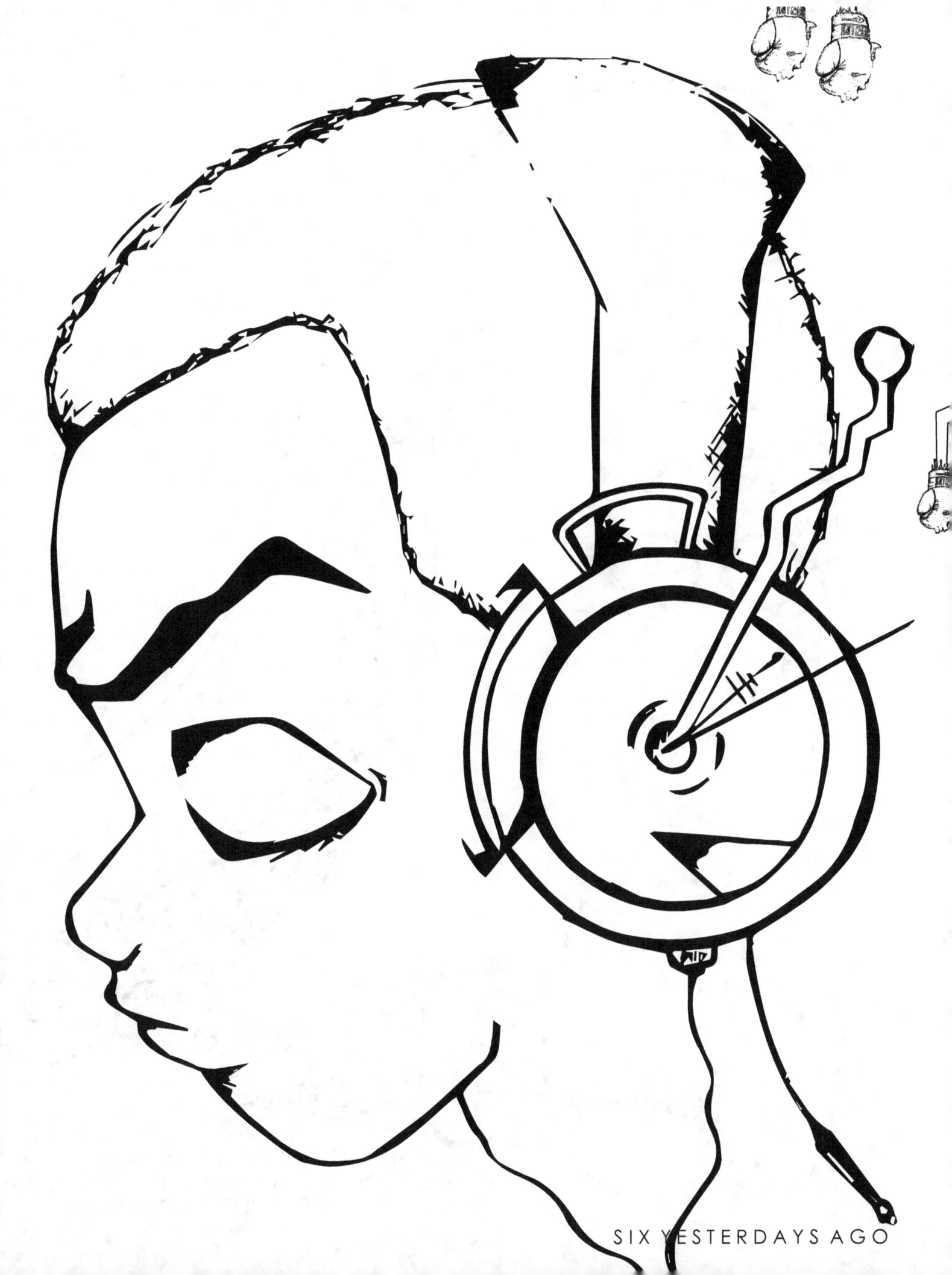

SIX YESTERDAYS AGO

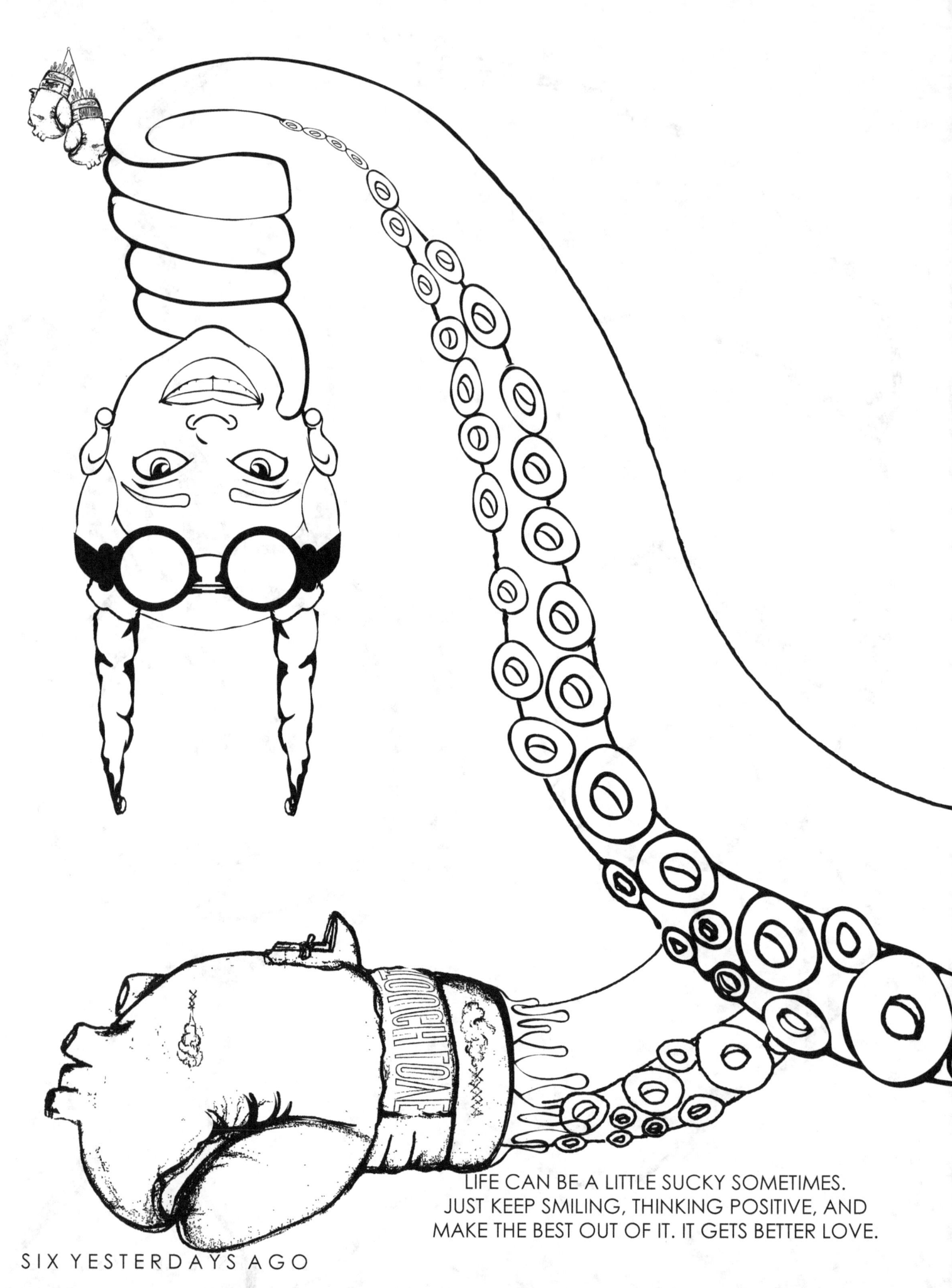

LIFE CAN BE A LITTLE SUCKY SOMETIMES.
JUST KEEP SMILING, THINKING POSITIVE, AND
MAKE THE BEST OUT OF IT. IT GETS BETTER LOVE.

SIX YESTERDAYS AGO

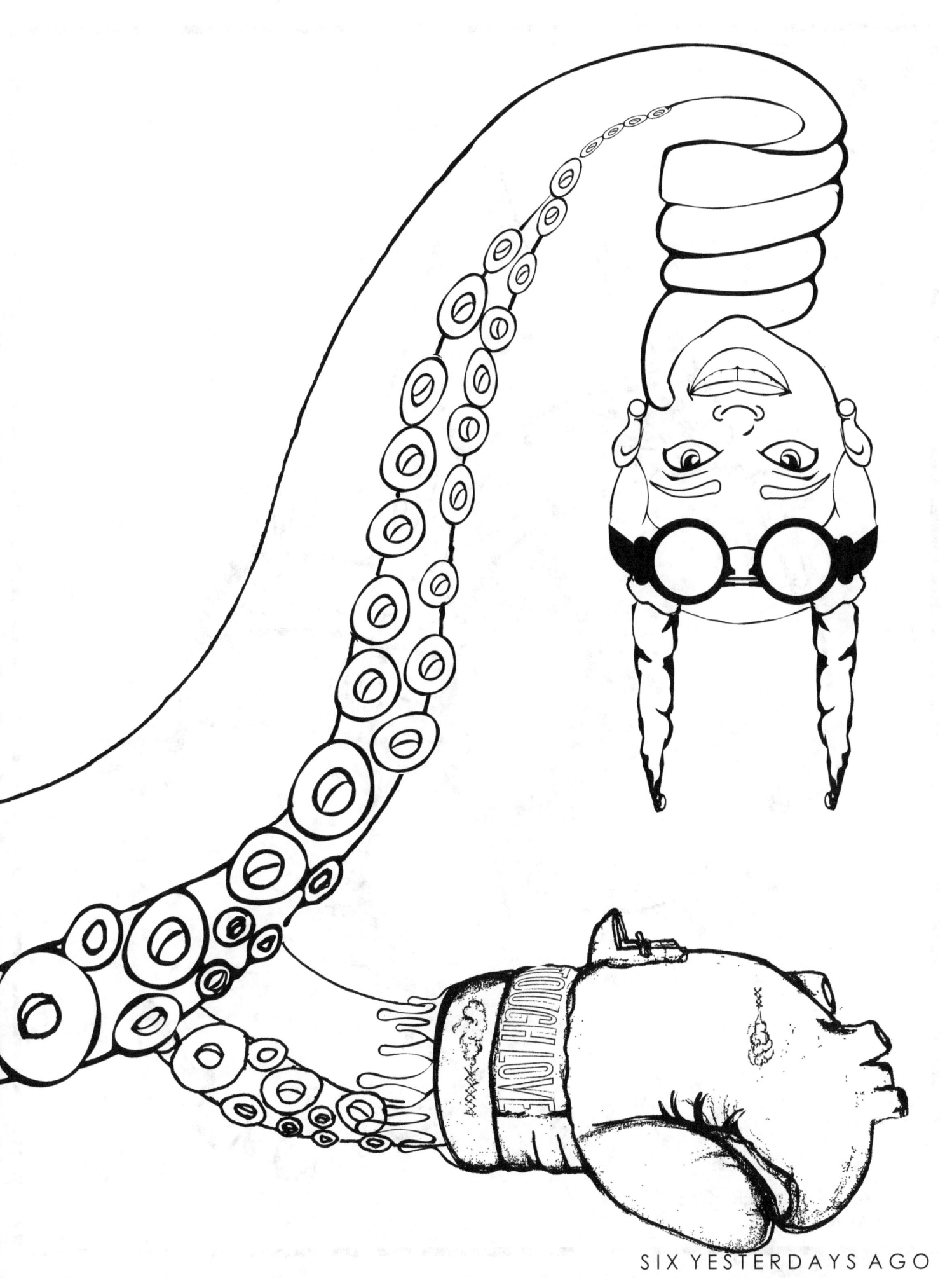

SIX YESTERDAYS AGO

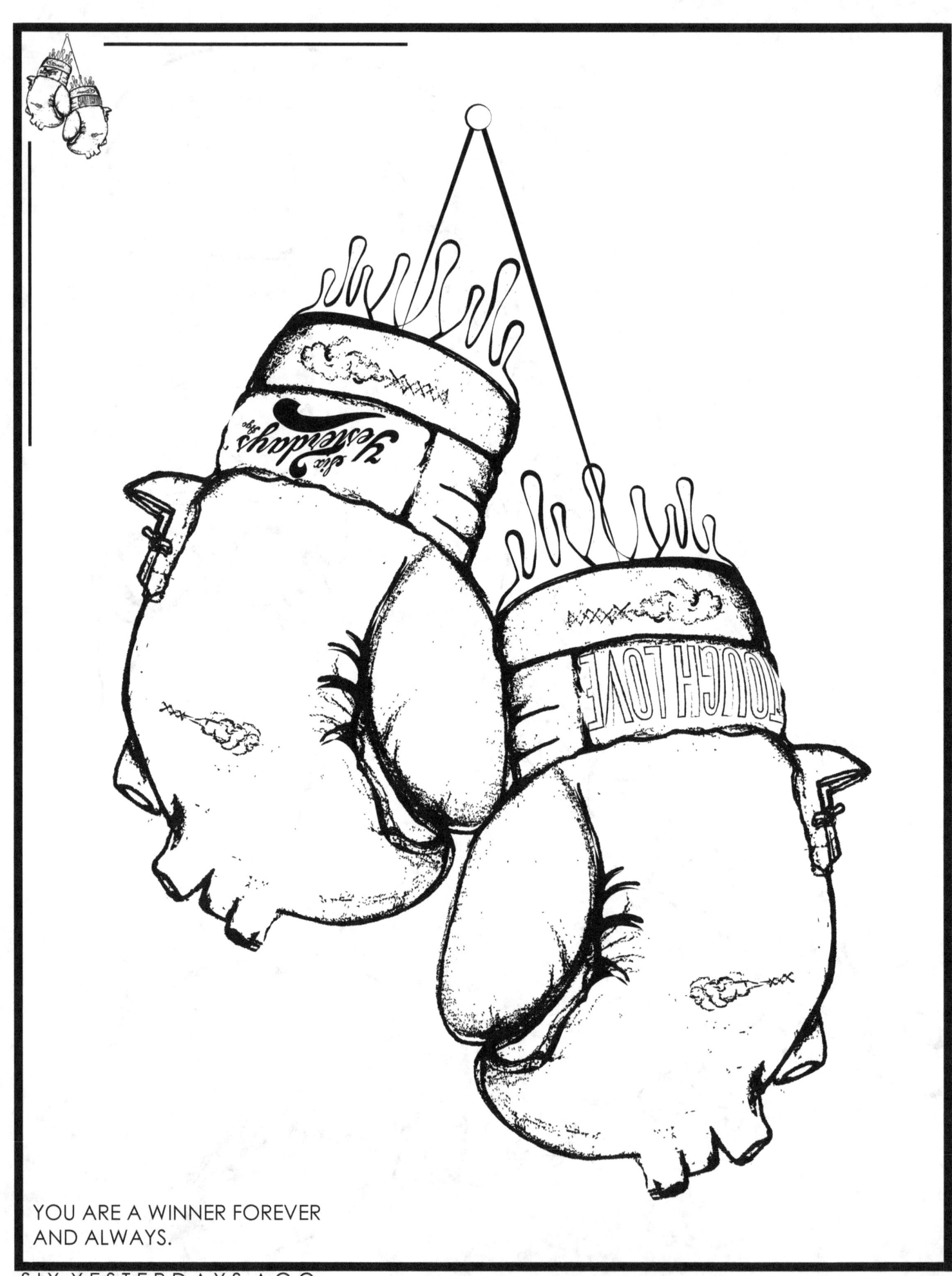

YOU ARE A WINNER FOREVER
AND ALWAYS.

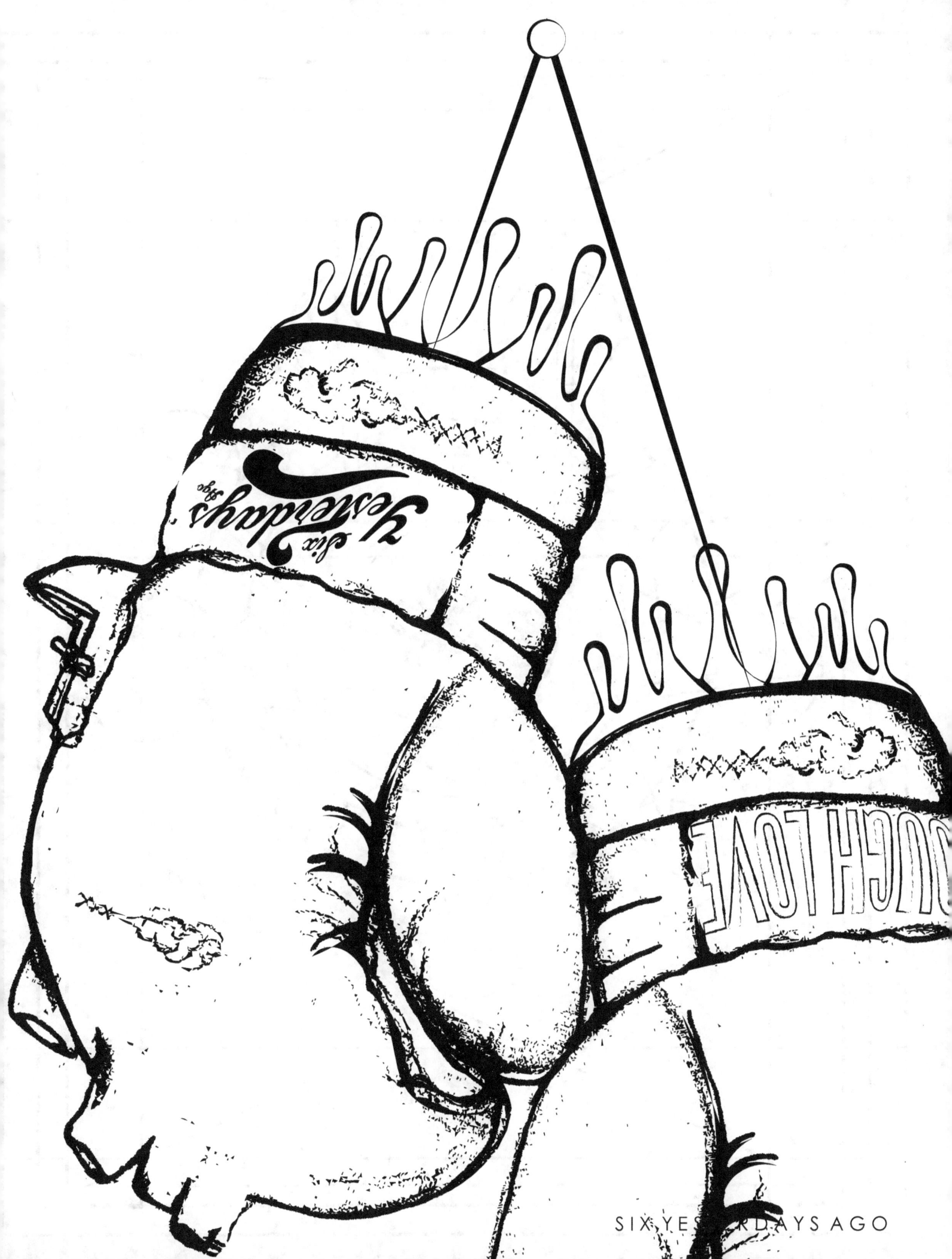

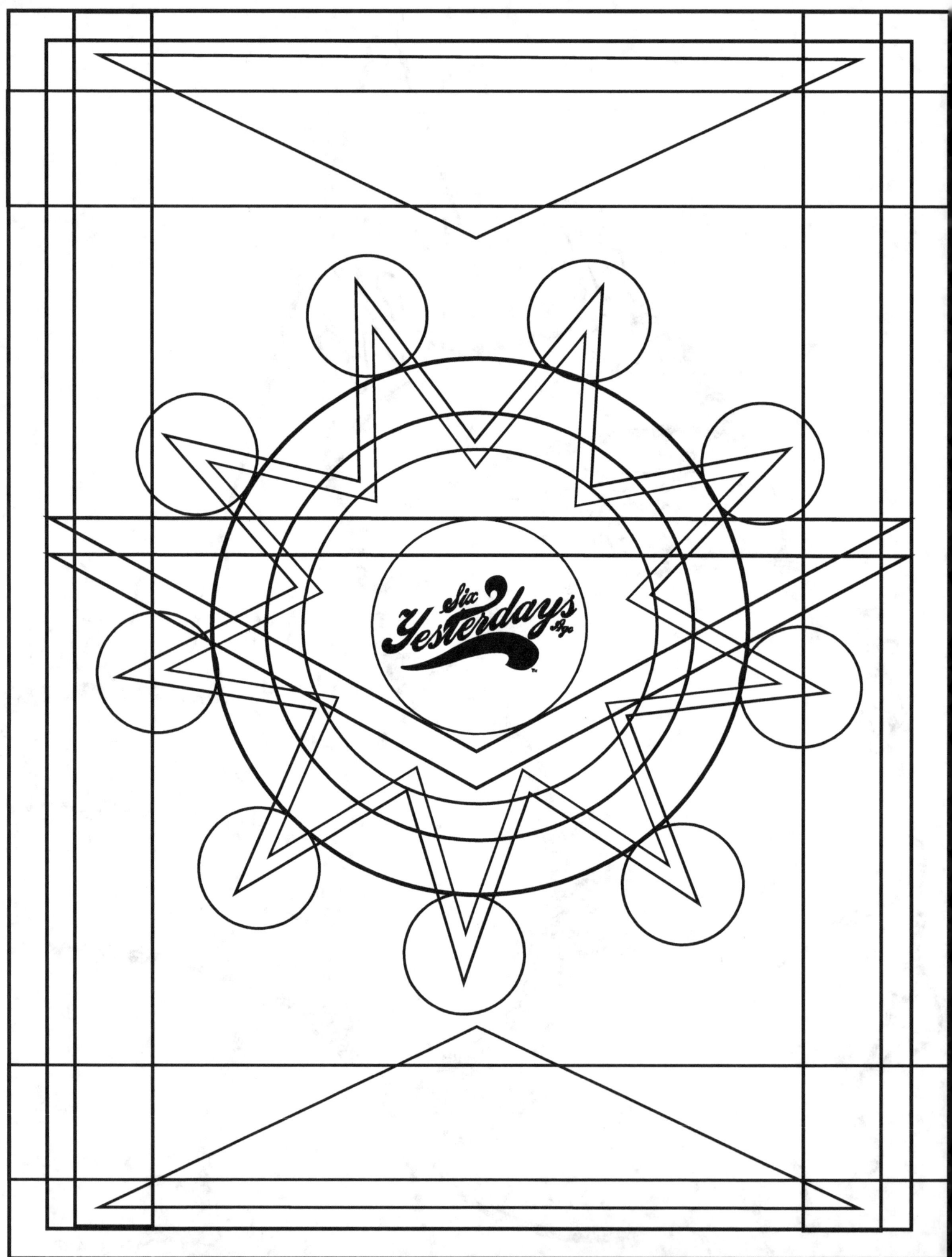

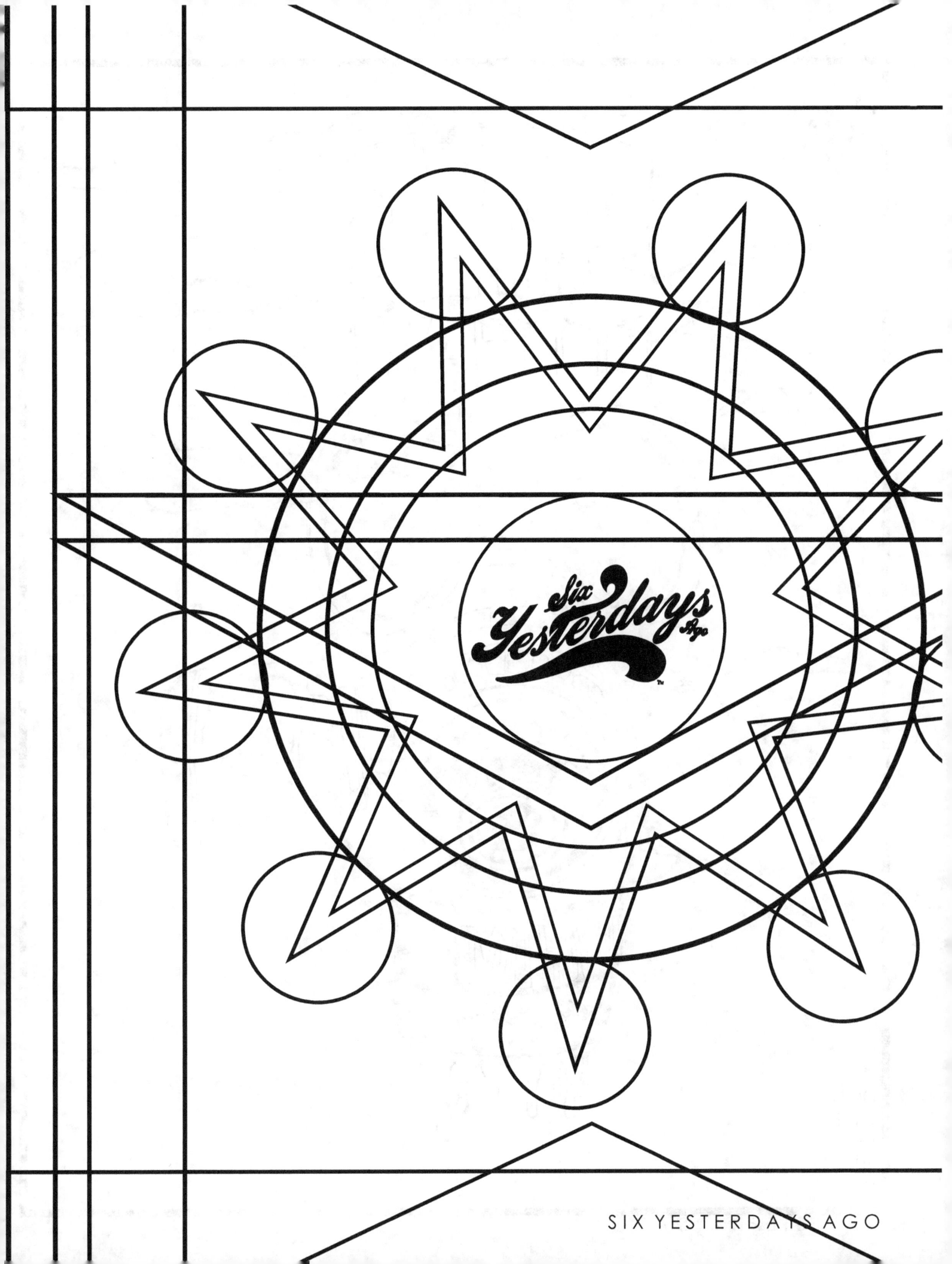

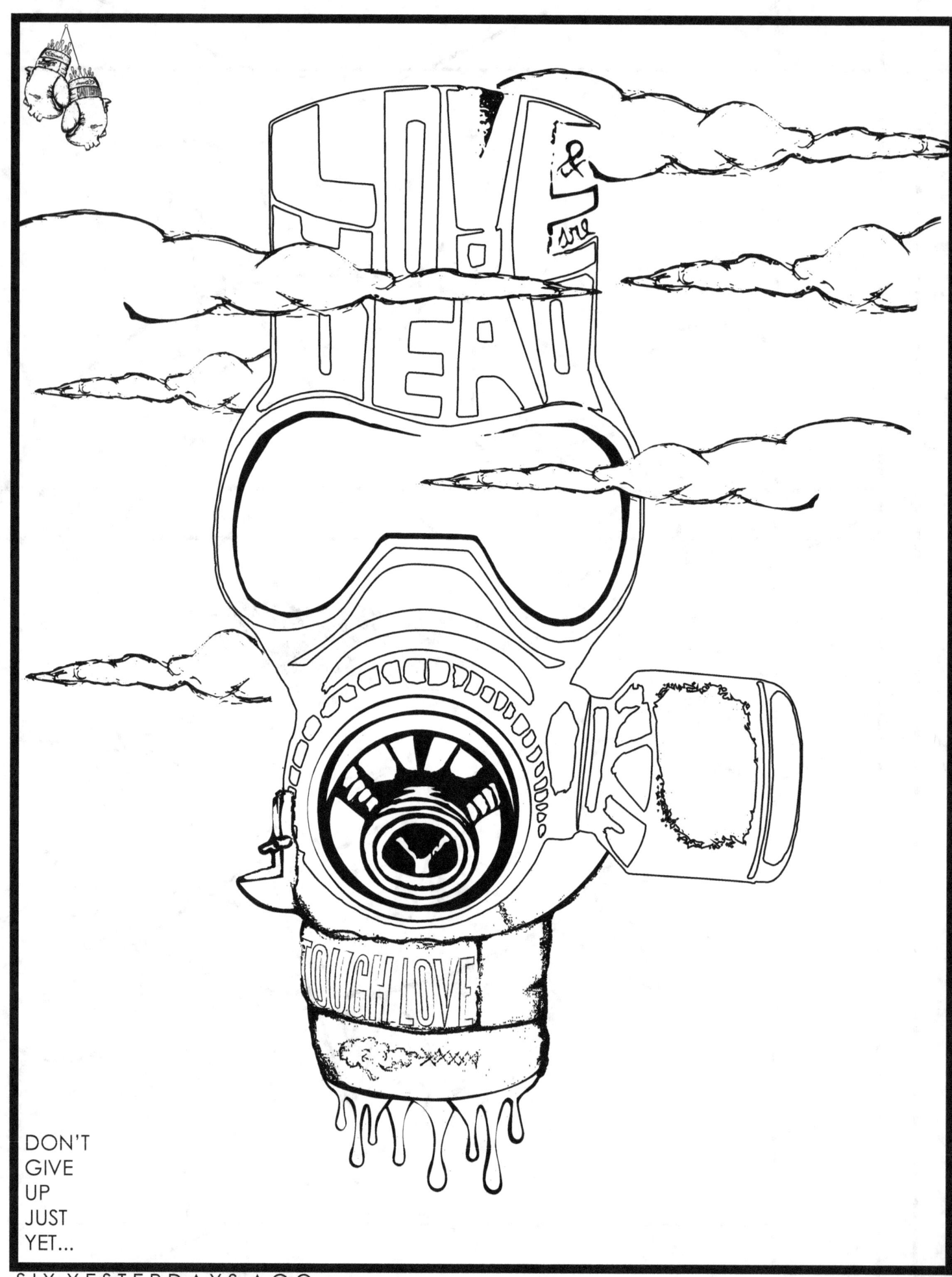

DON'T
GIVE
UP
JUST
YET...

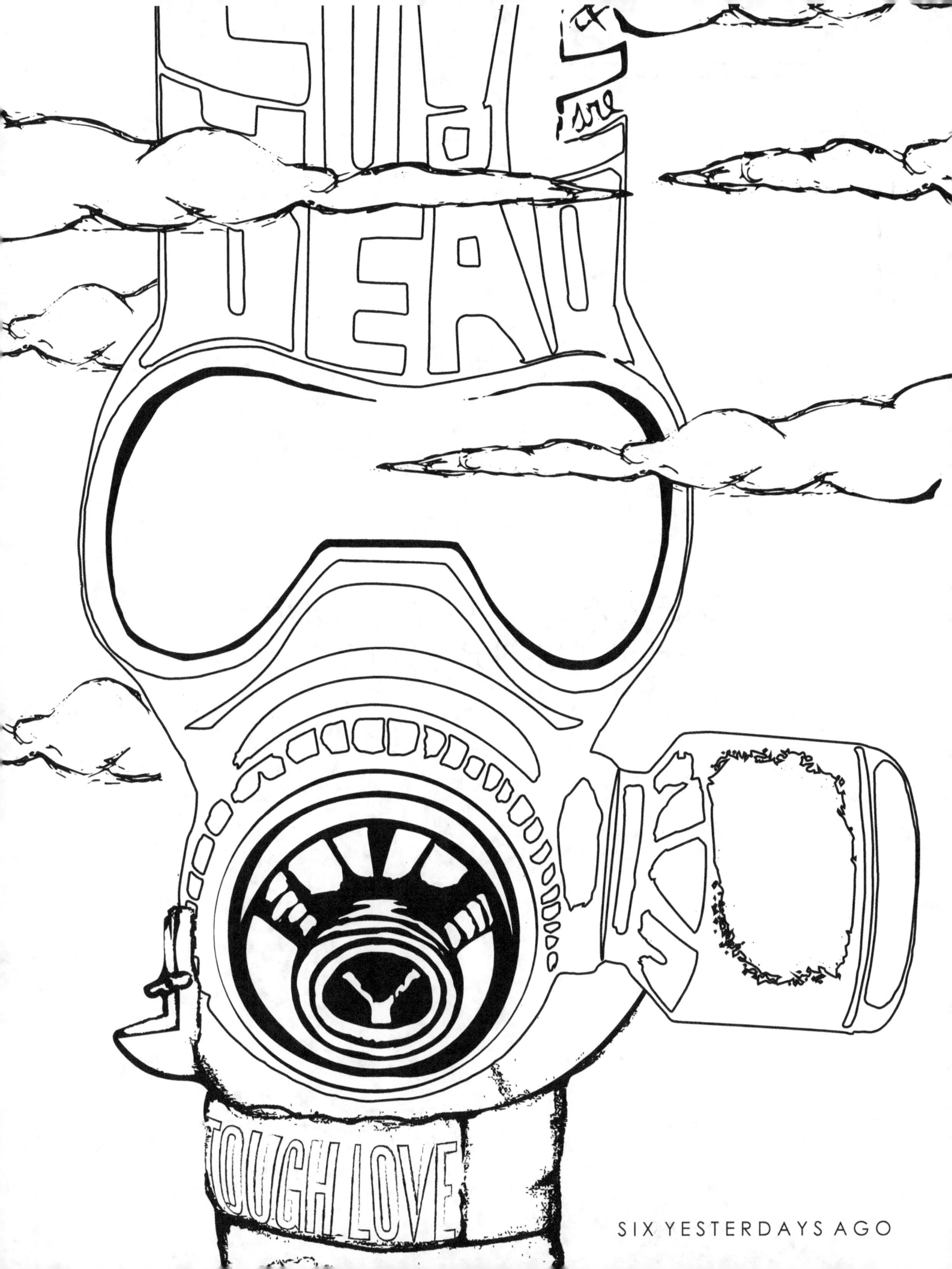

SIX YESTERDAYS AGO

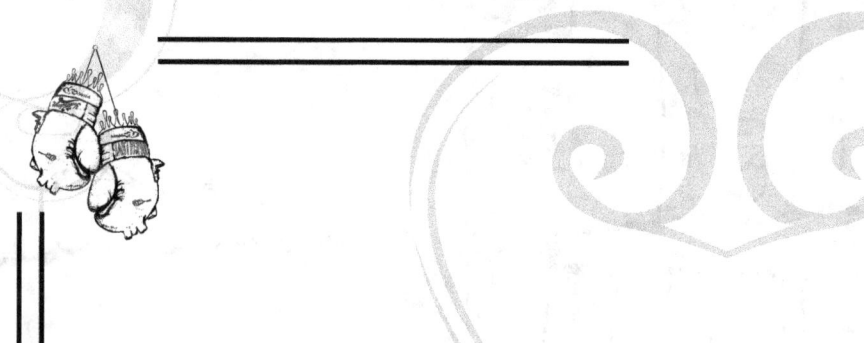

REMEMBER THAT EVERYONE HAS
THEIR OWN PERSPECTIVE.

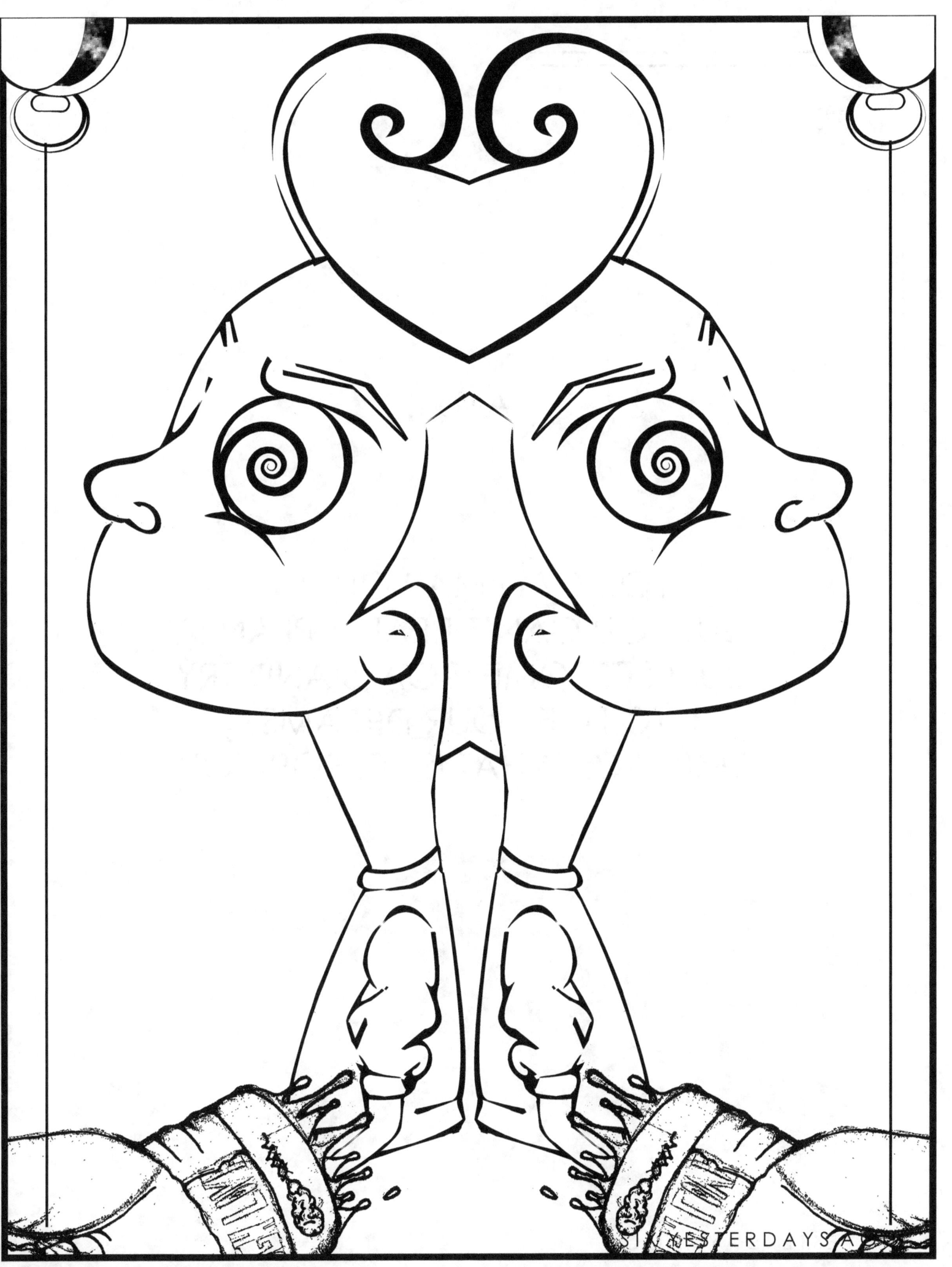

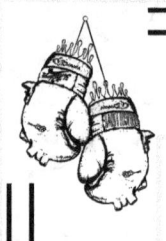

Also...

YOU CAN MAP OUT LIFE
BUT YOU CAN'T REALLY PLAN IT.
JUST SET SOME GOALS AND TRY
TO LIVE YOUR DREAMS.
EMBRACE WHAT IS SET FOR YOU.

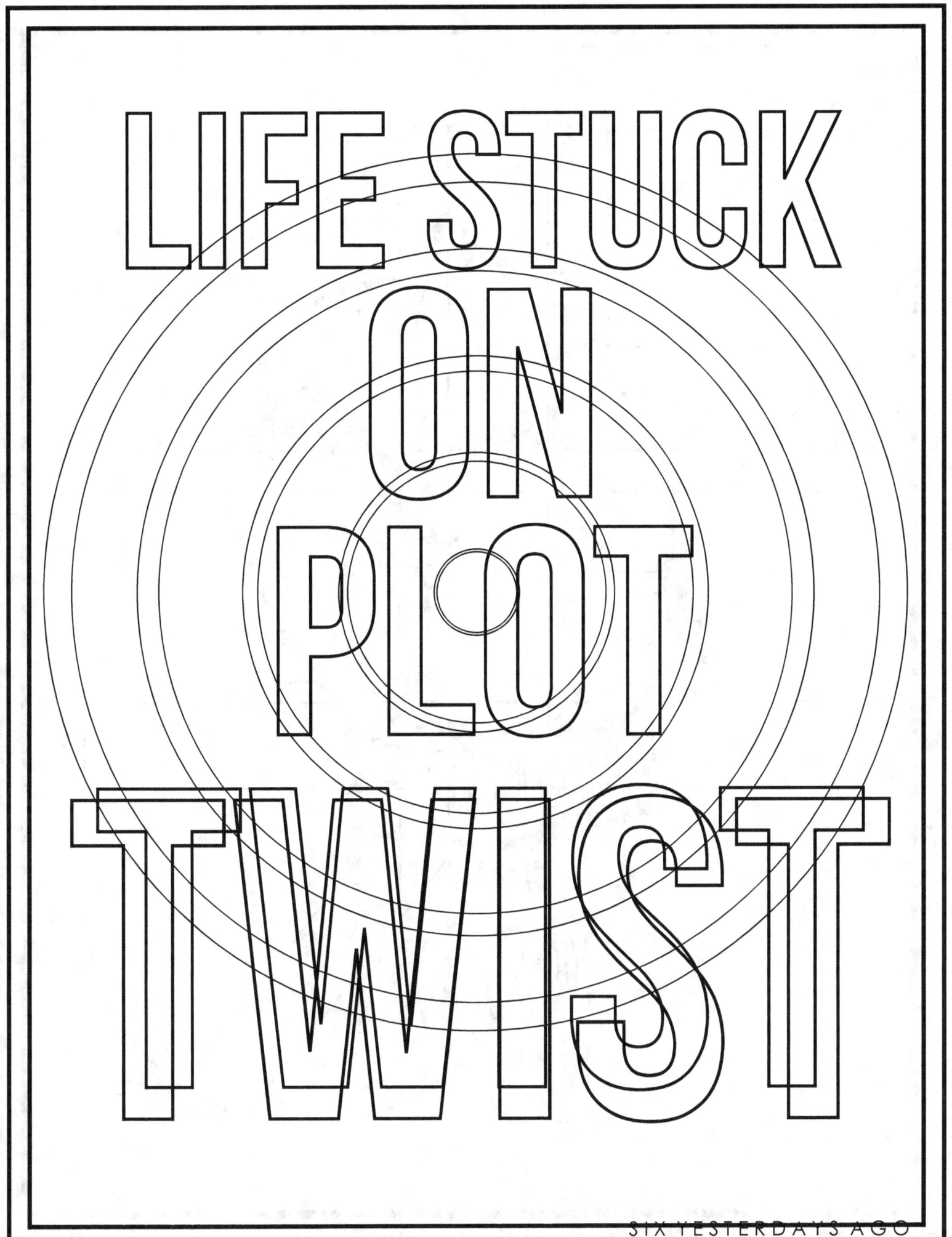

LIFE STUCK ON PLOT TWIST

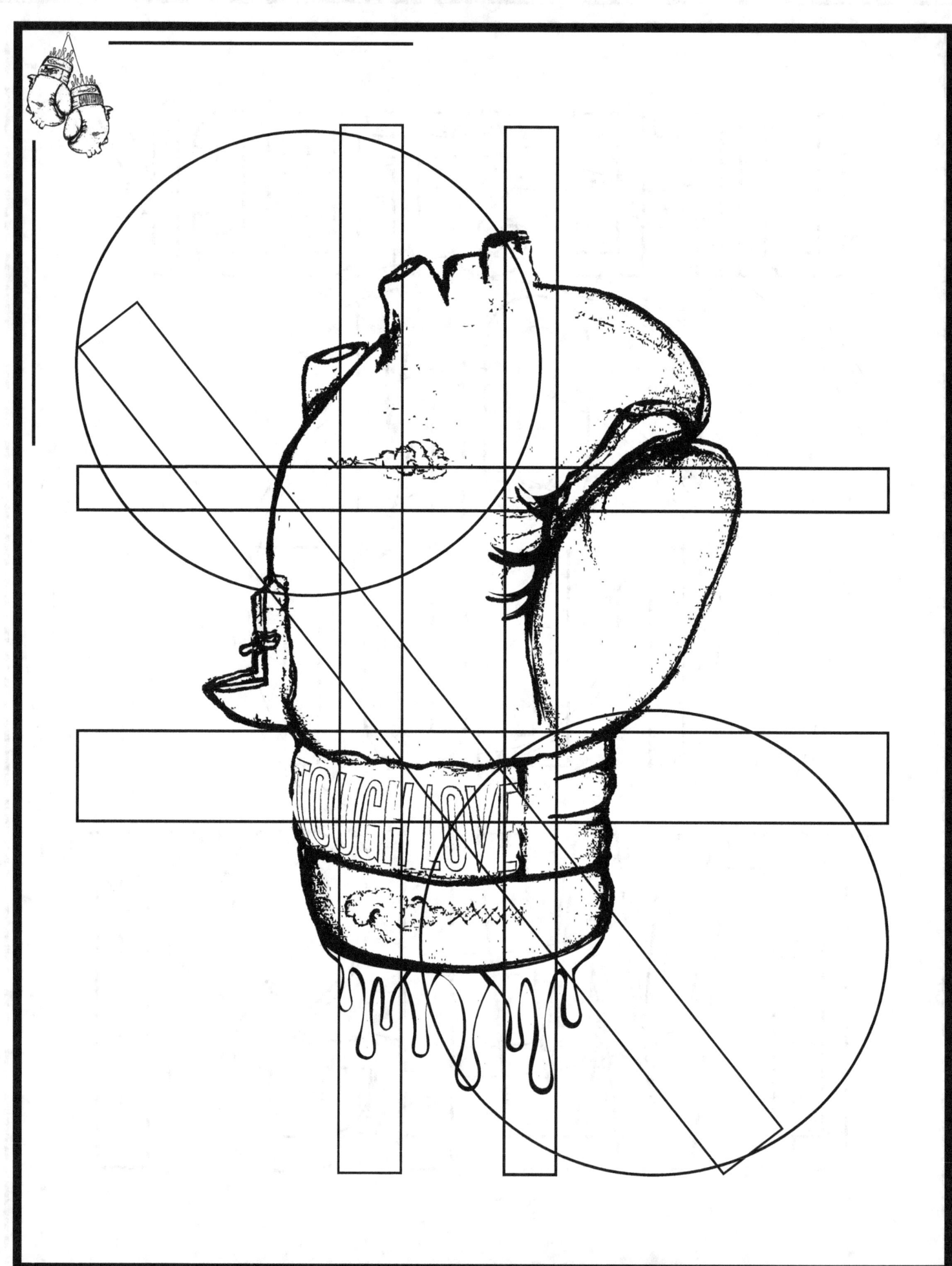

SIX YESTERDAYS AGO

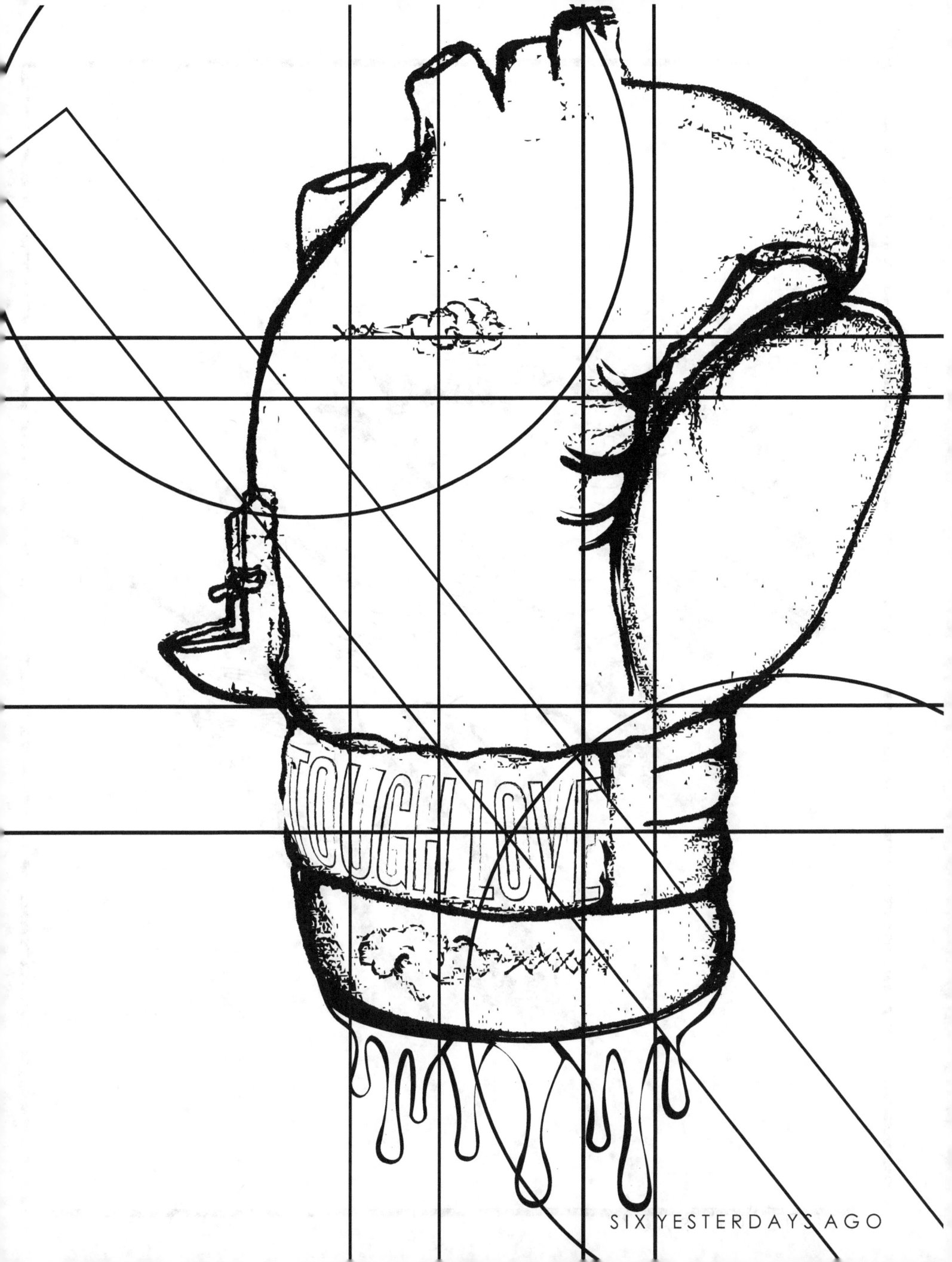

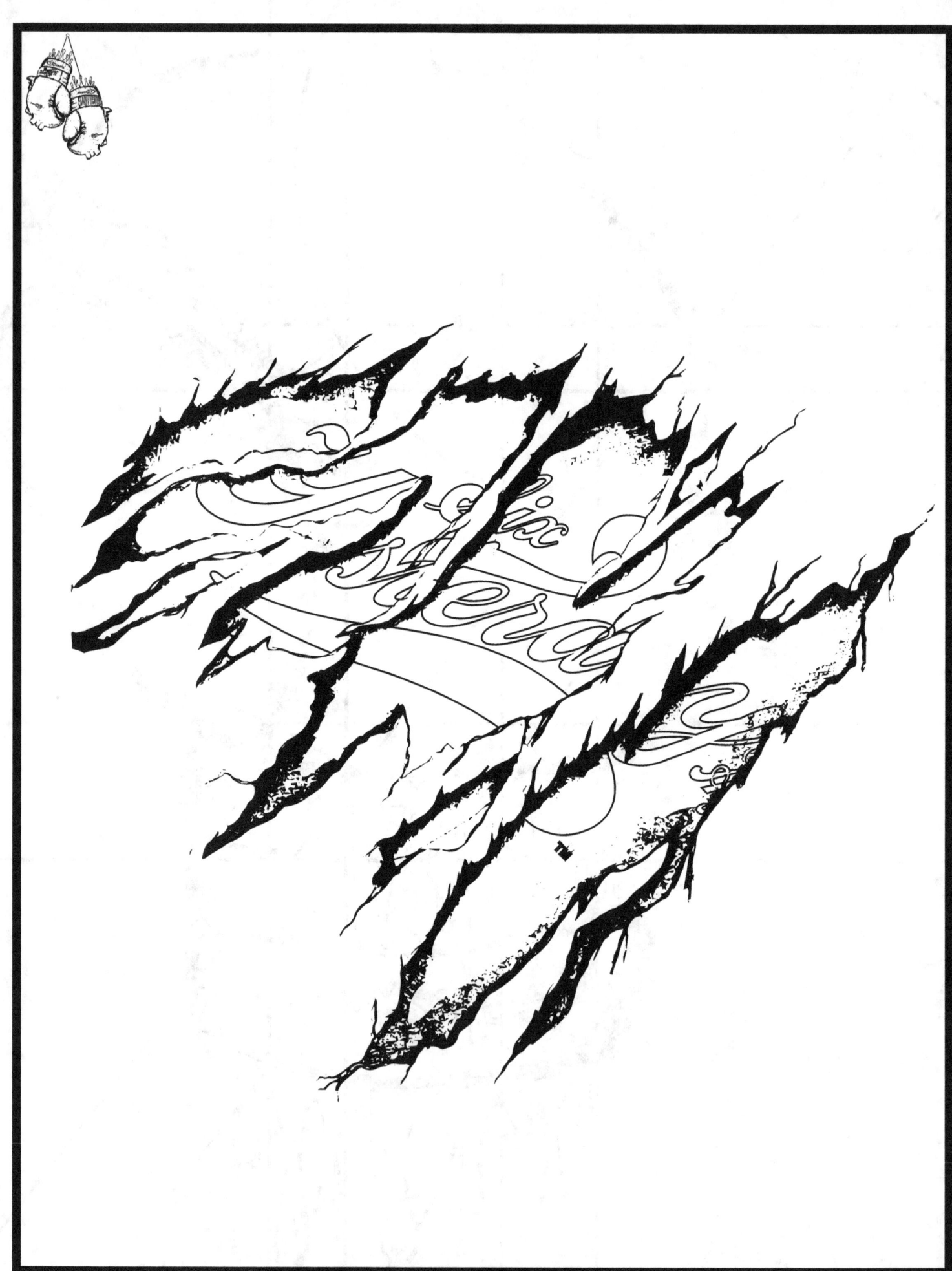

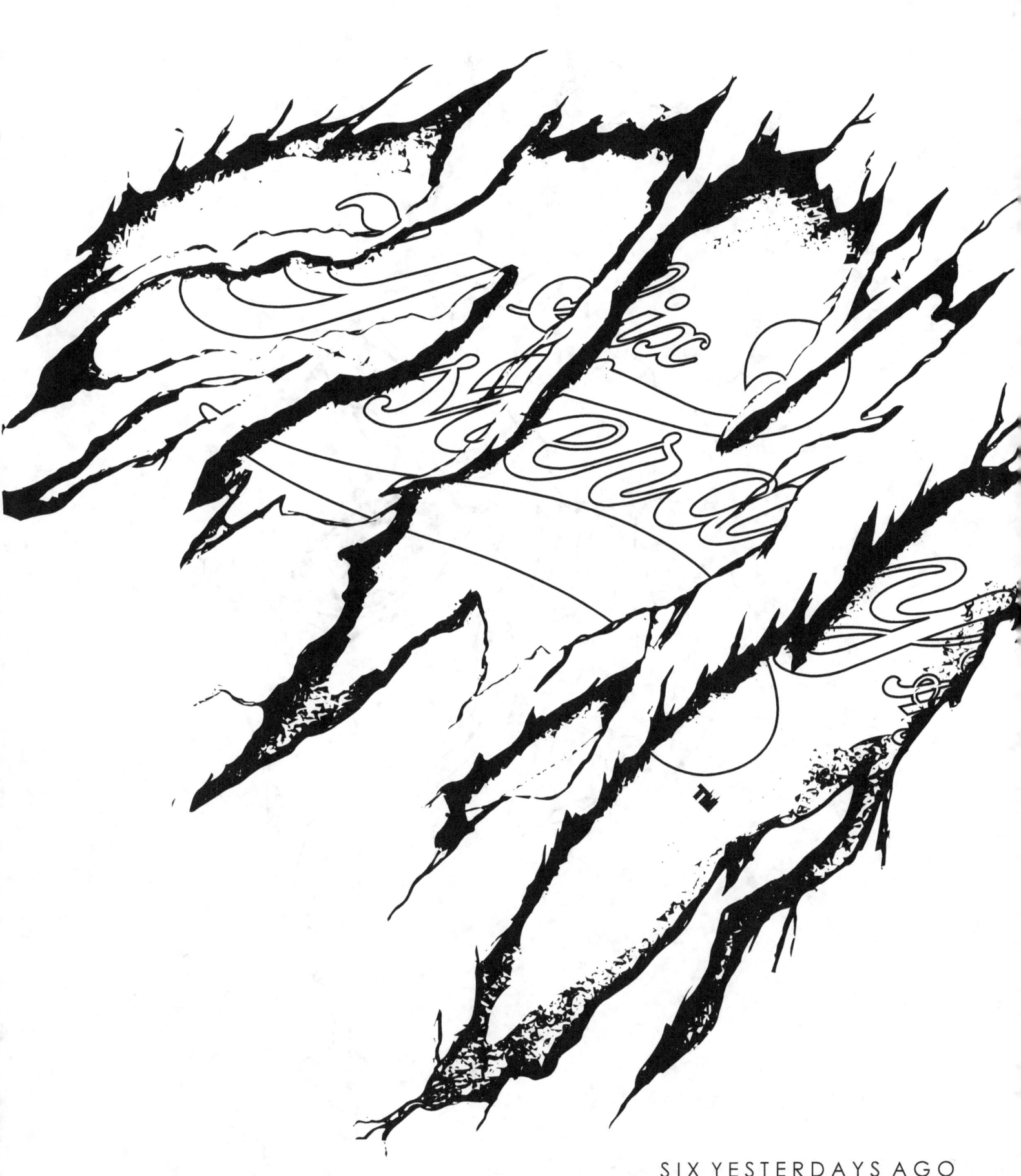

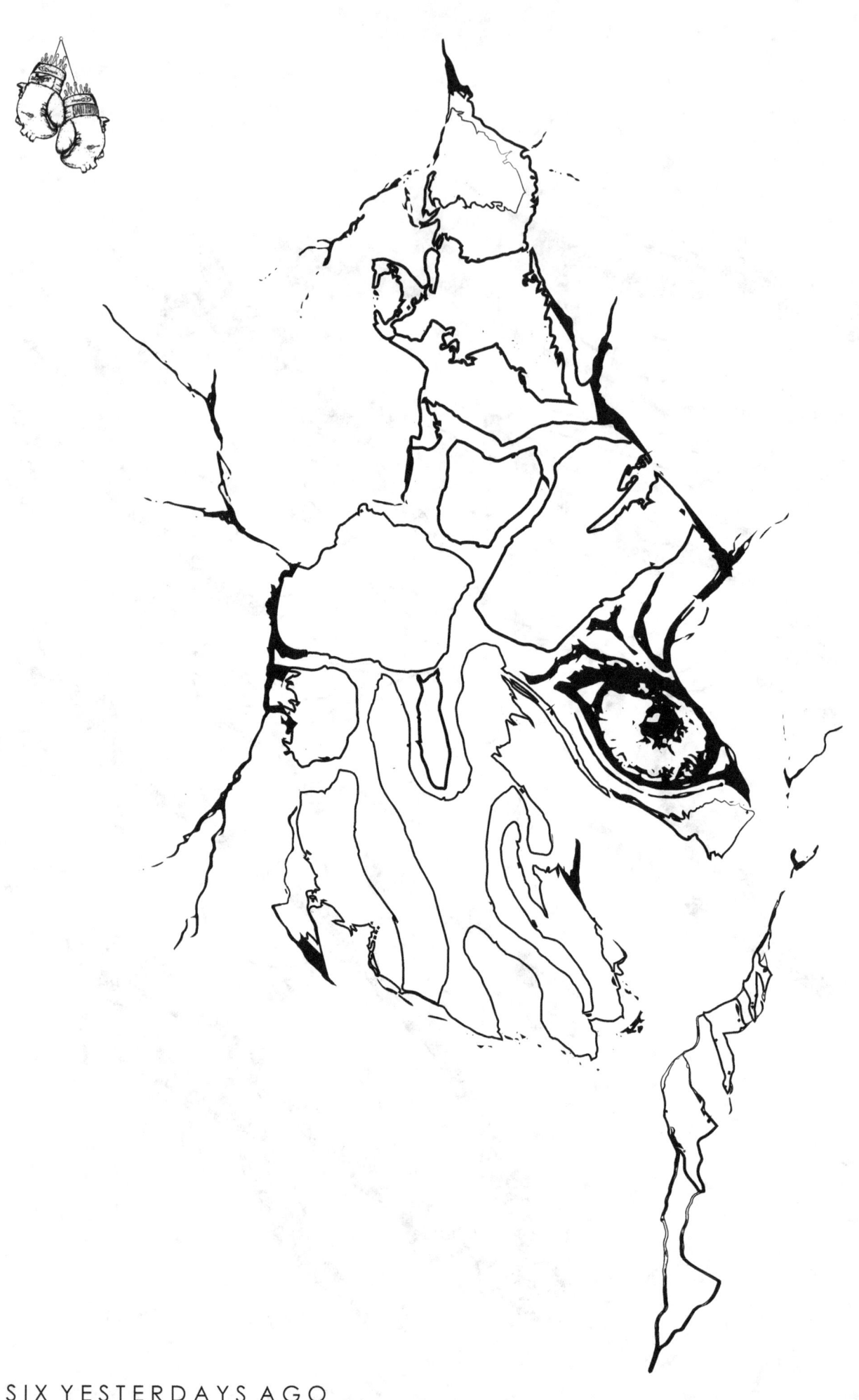

SIX YESTERDAYS AGO

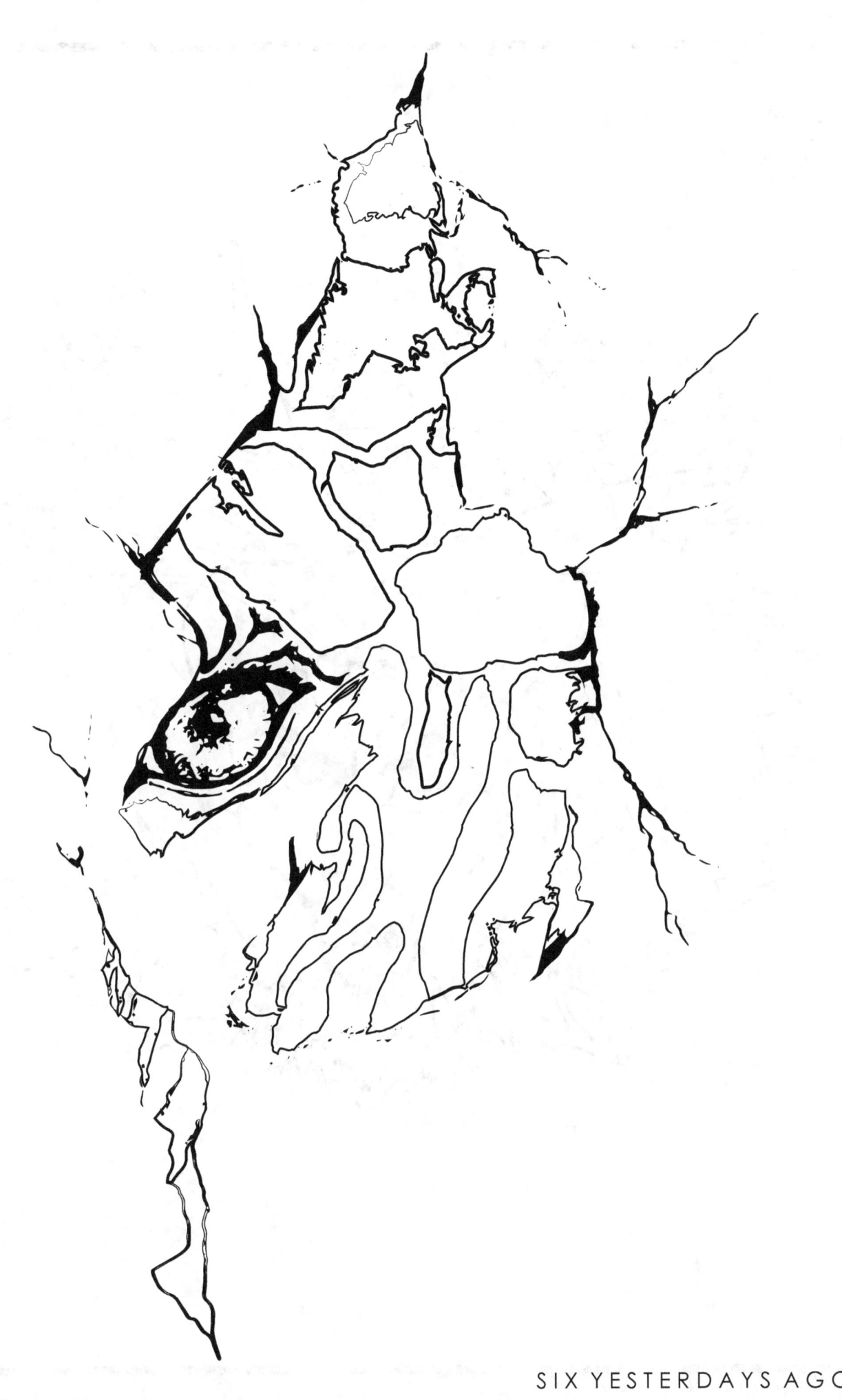

SIX YESTERDAYS AGO

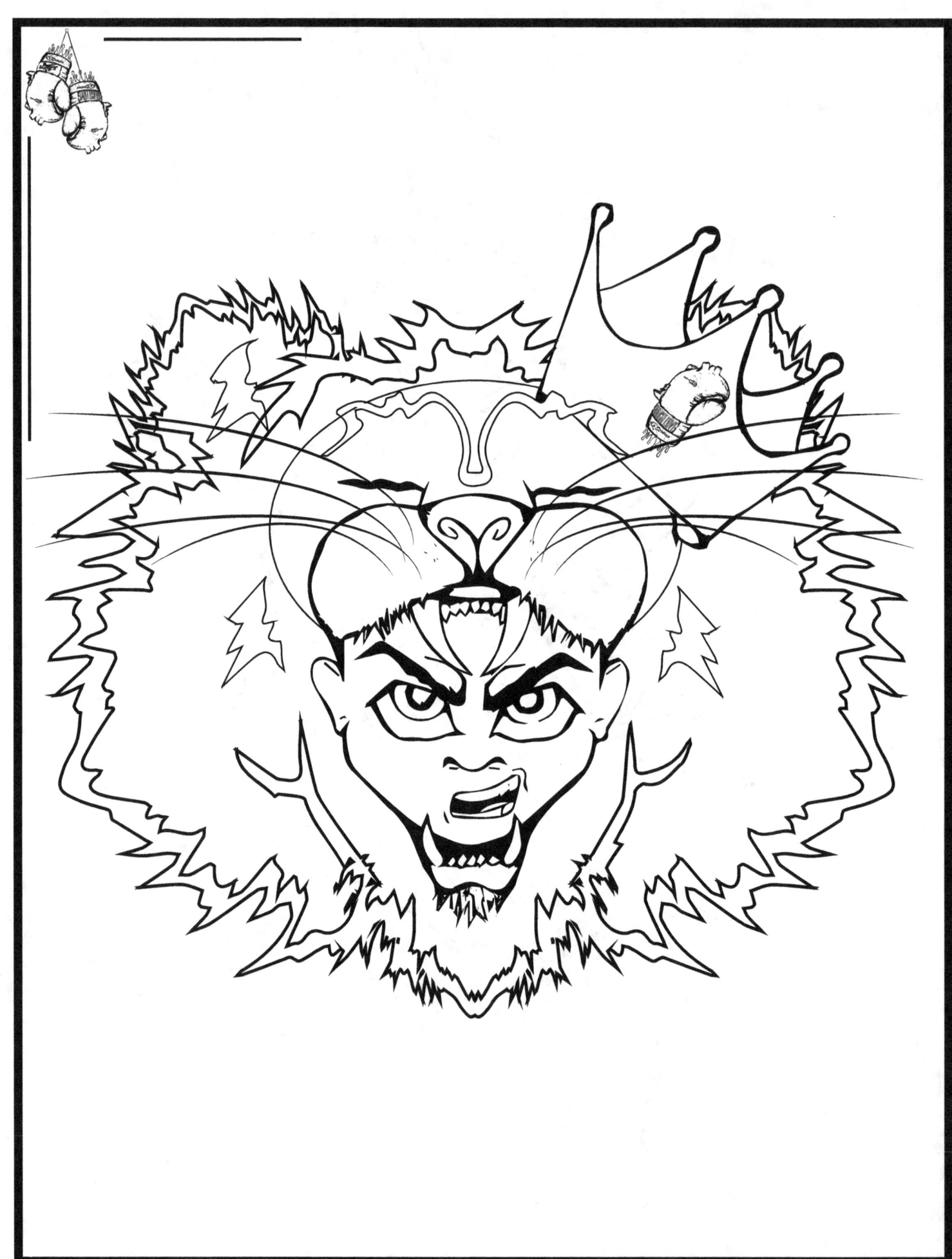

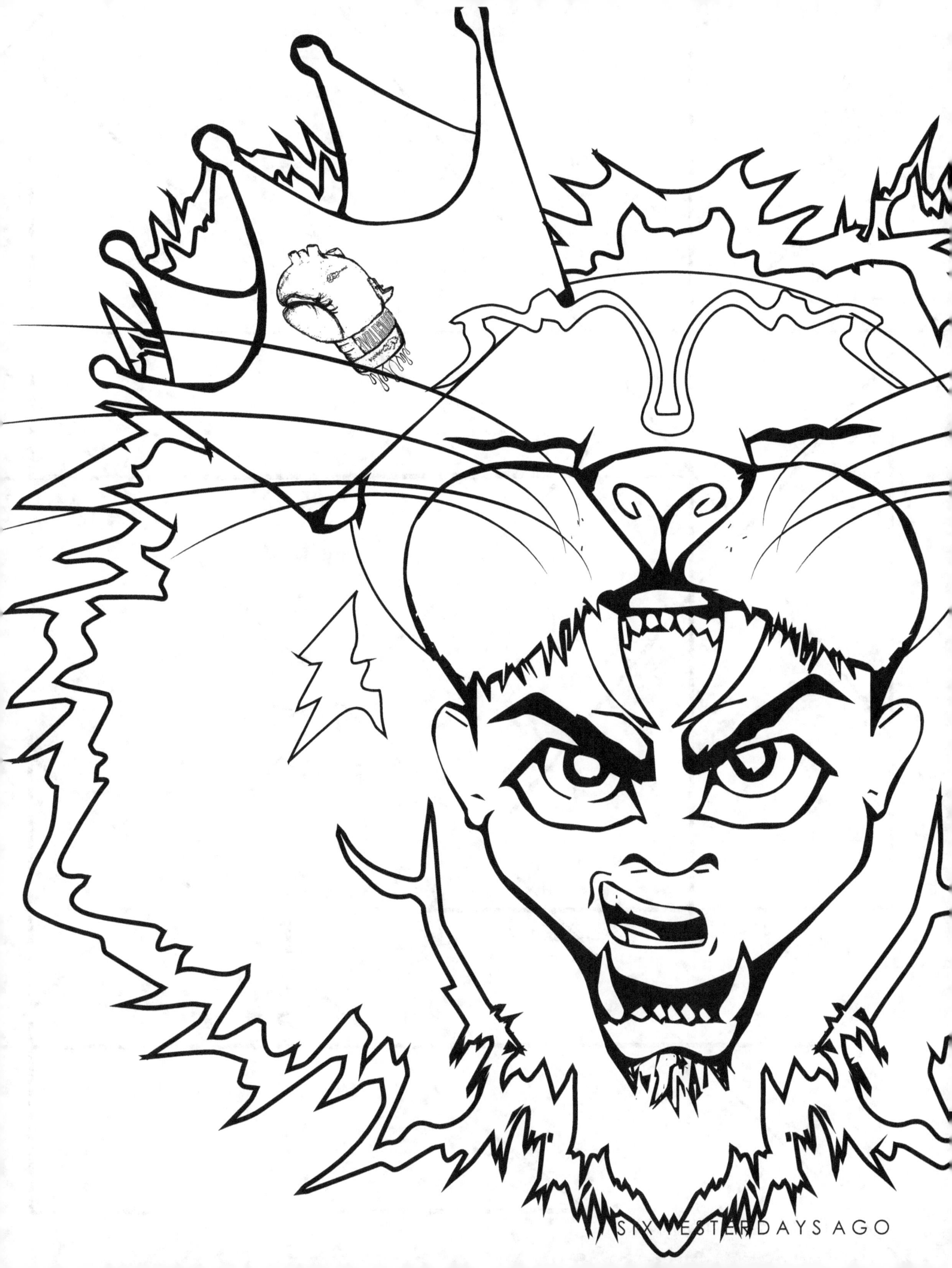

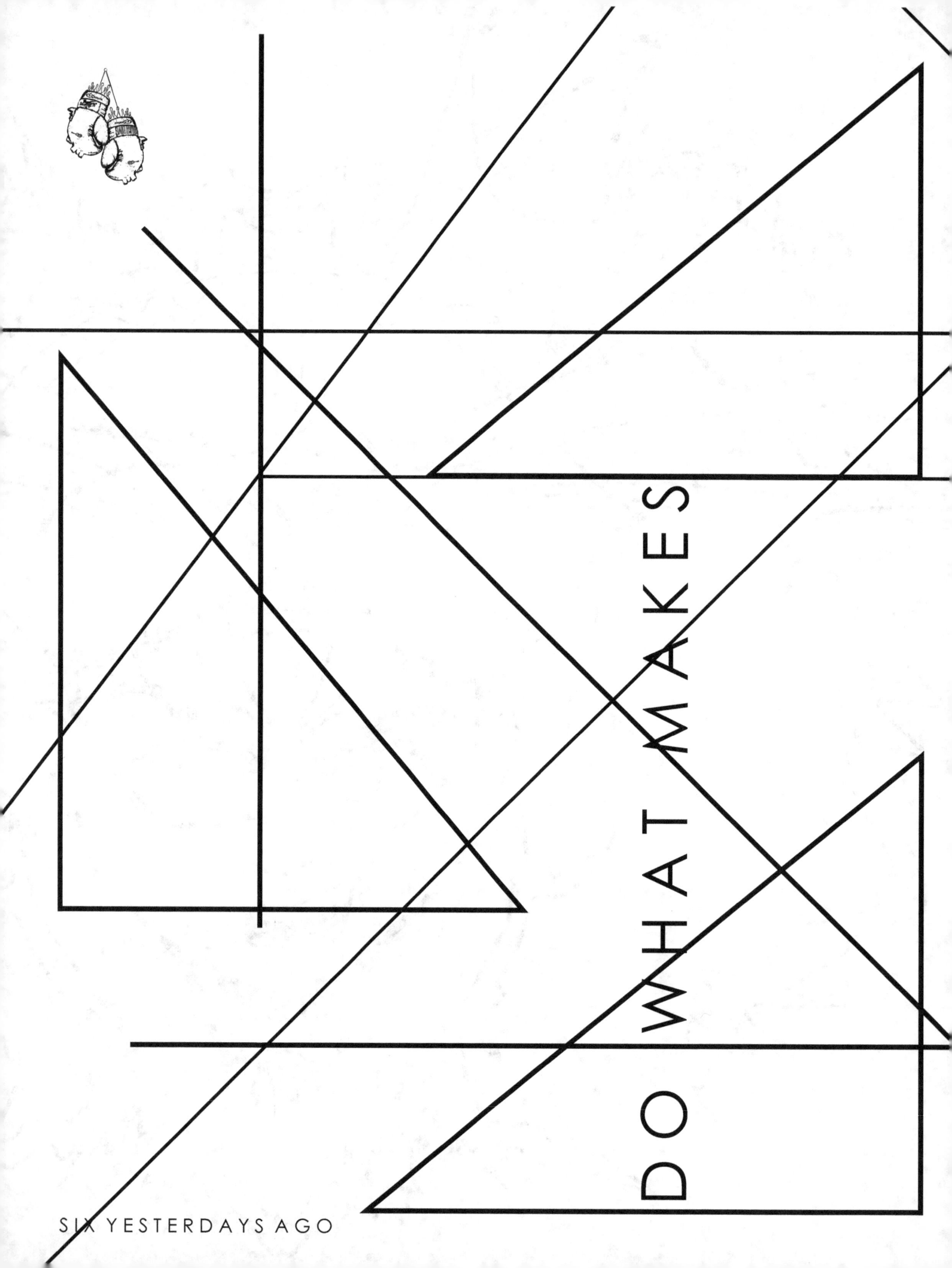

DO WHAT MAKES

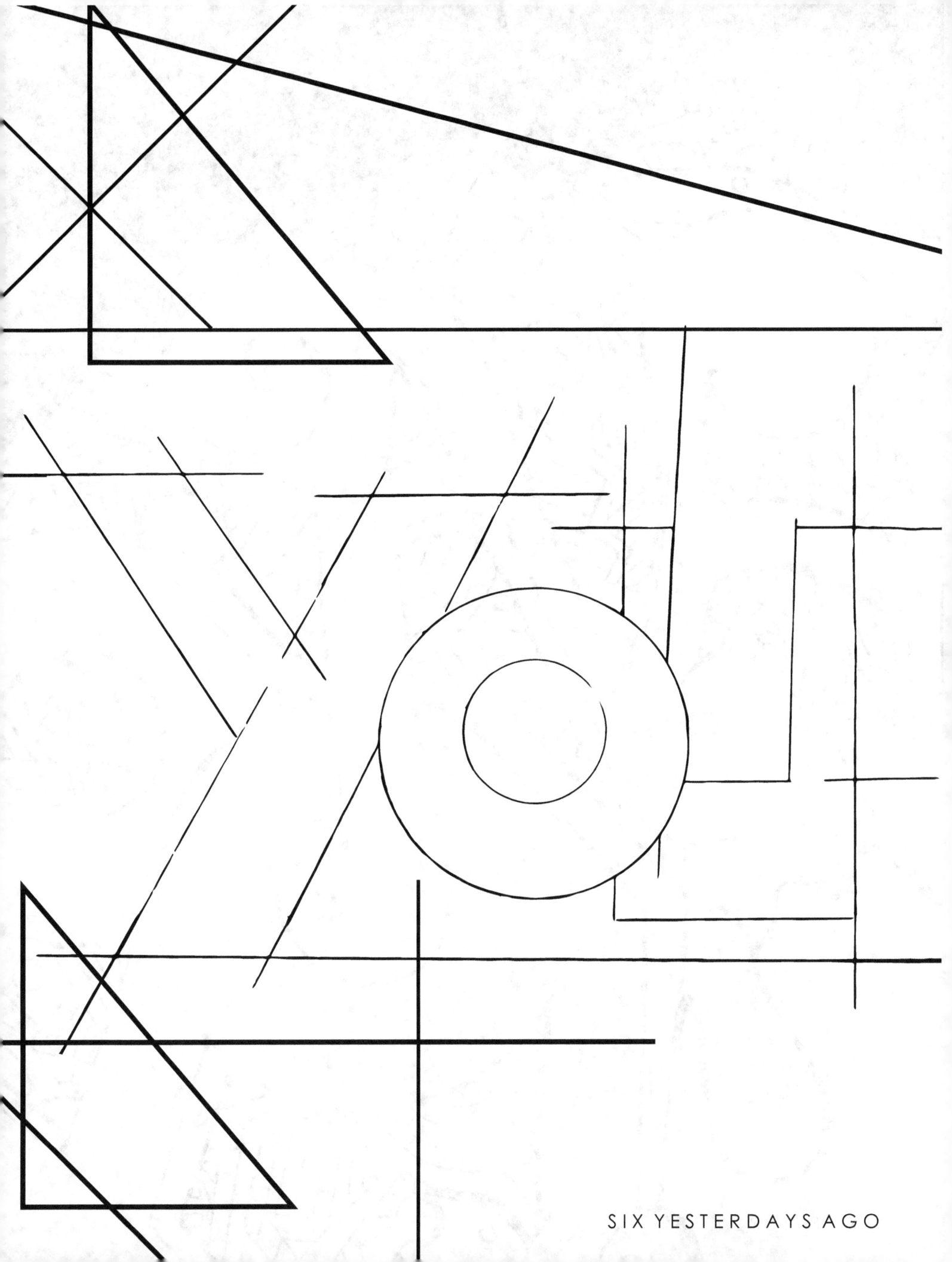

SIX YESTERDAYS AGO

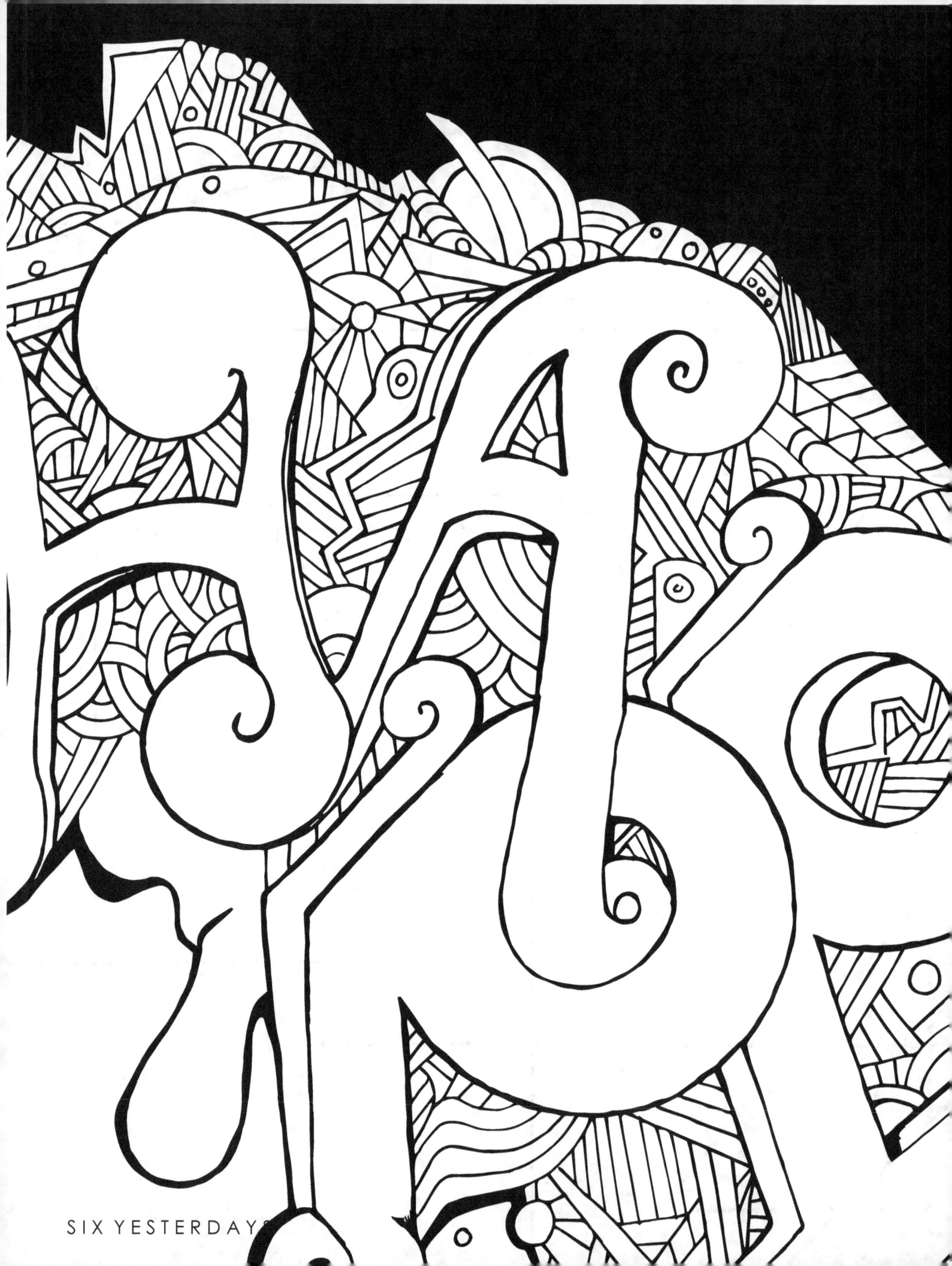

SIX YESTERDAYS

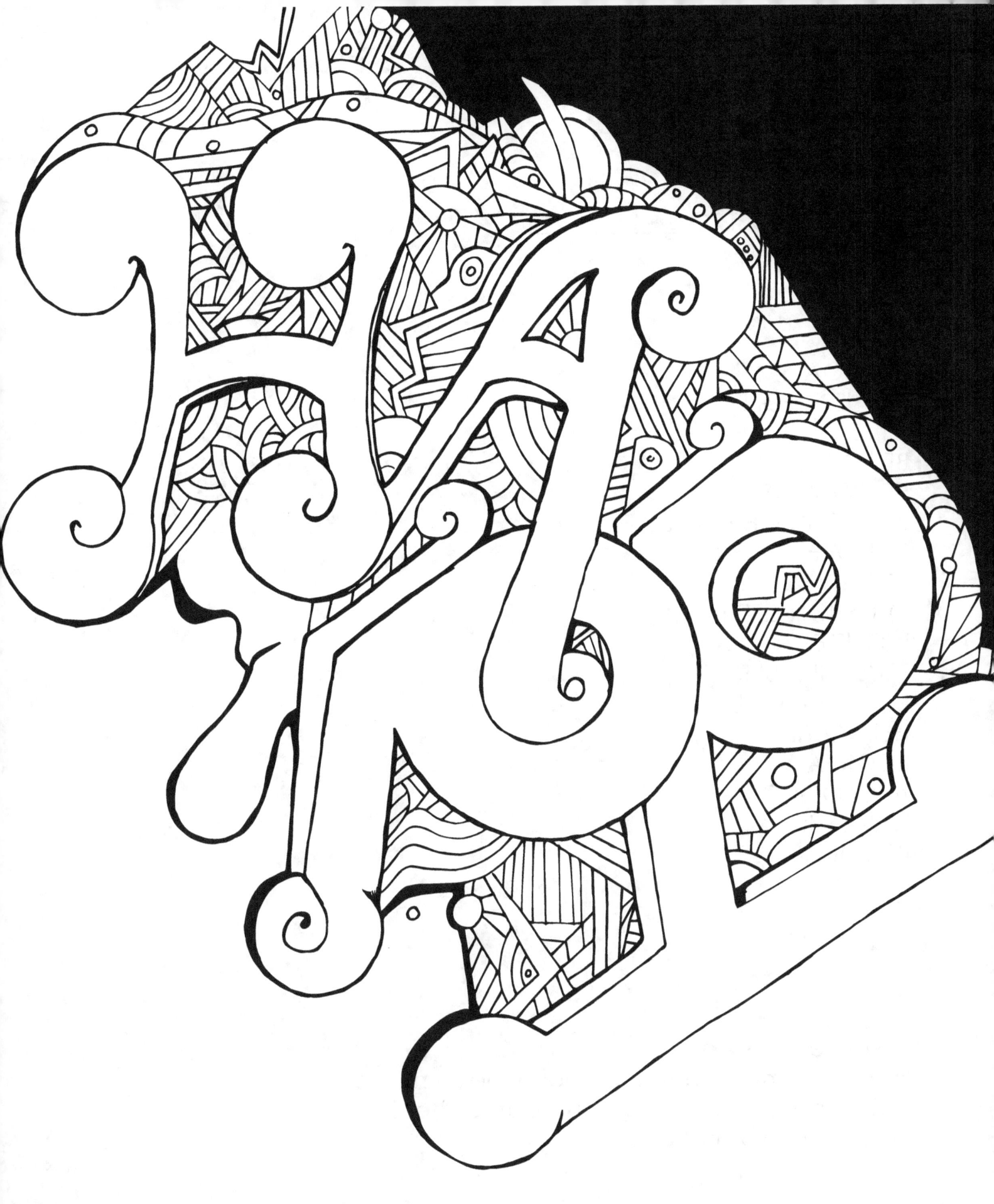

SIX YESTERDAYS AGO

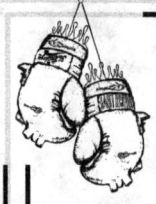

DON'T FORGET TO _____.
LAUGH
SMILE
LOVE
DREAM
SET GOALS
CRY IF NEEDED
GIVE
BE LOYAL
BE CONSISTENT
BE PROUD OF YOURSELF
BE HOPE
FORGIVE
QUESTION LIFE
WONDER
TRUST NUMBERS
LOVE YOURSELF
HELP OTHERS
BE GREAT
APOLOGIZE
HAVE FUN
BE YOUNG

L I V E

Six Yesterdays Ago....
I reached my dream and goal of becoming a
published illustrator and it only gets better from
here. What's your story?

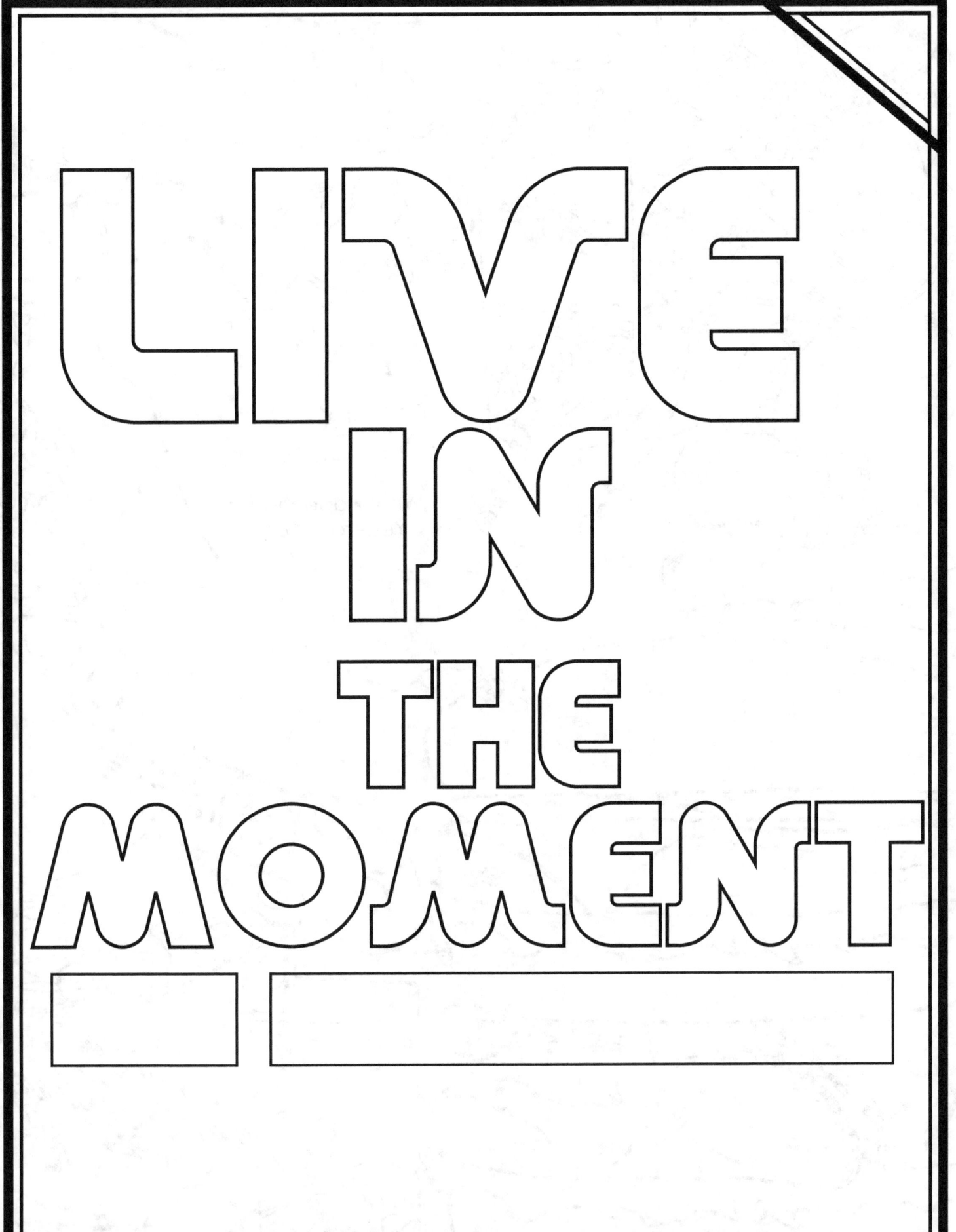

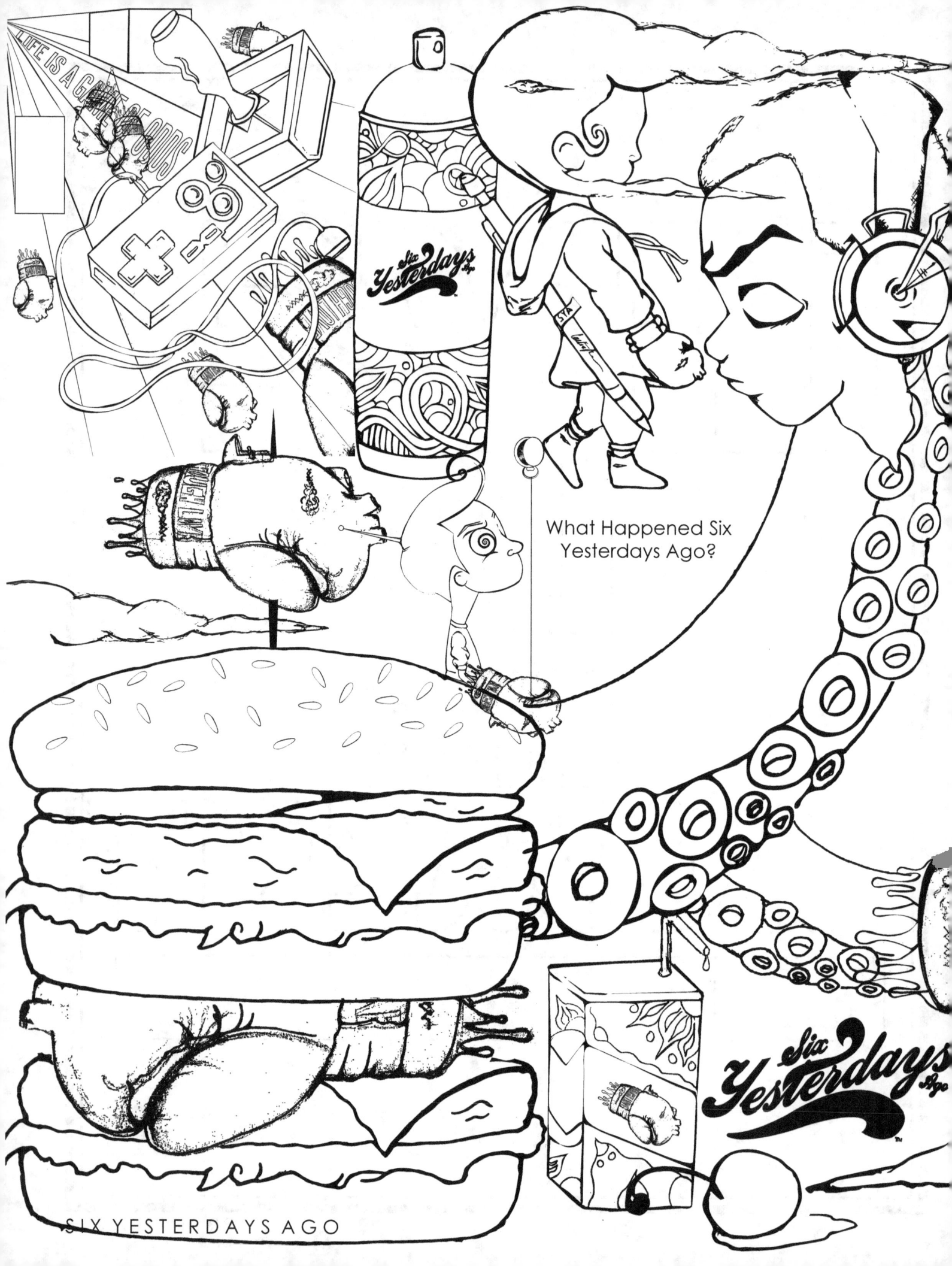

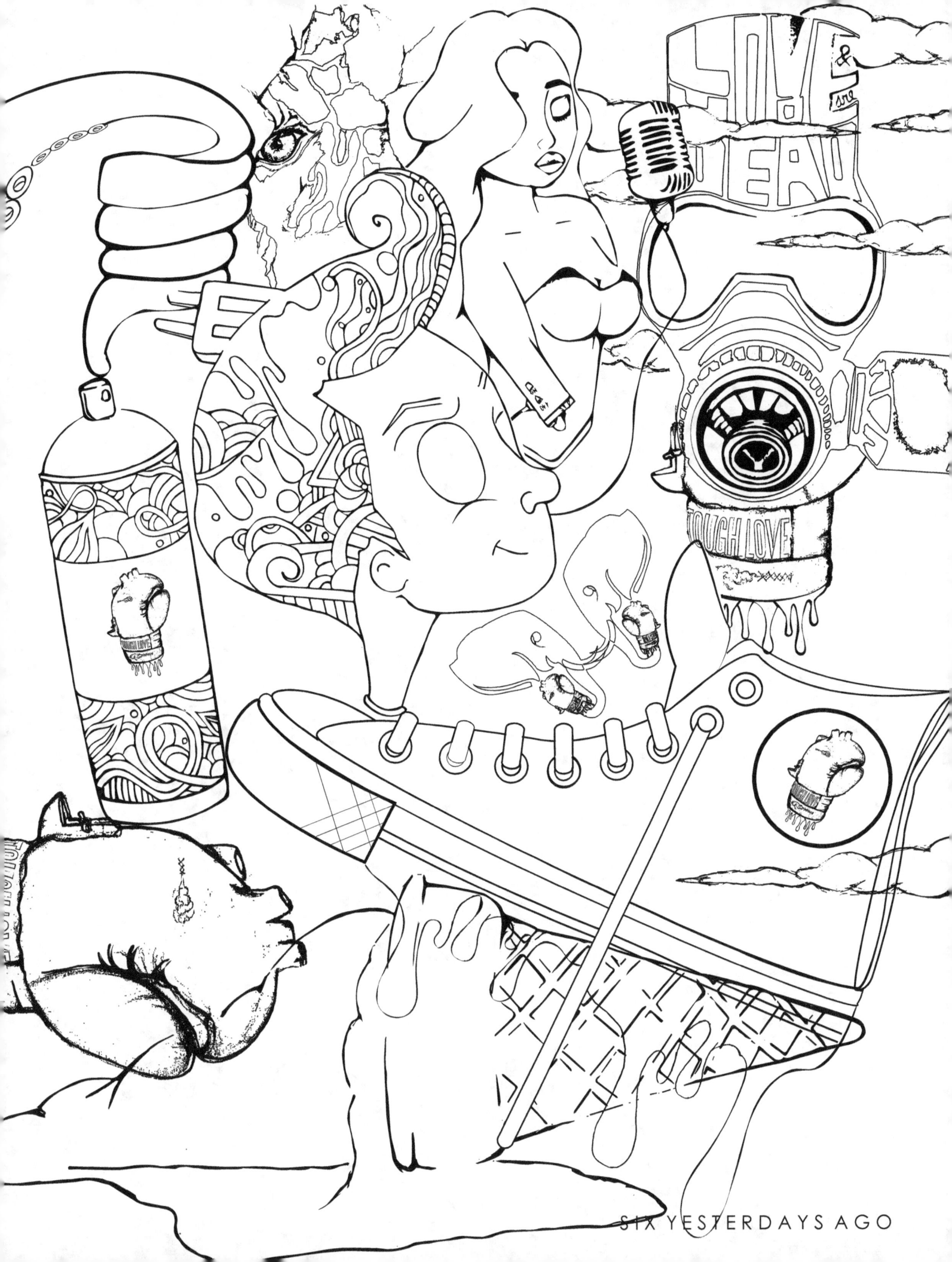

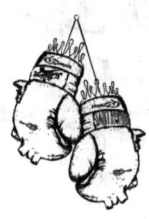

SIX YESTERDAYS AGO